Der gepfefferte Hase

Autor: Harald Koch
Illustrationen von Michael Hüter

Eine Abhandlung des Themas: Die Bedeutung von Tieren in Metaphern in verschiedenen Kontexten

Vorwort

Die Idee zu diesem Buch wurde geweckt, als in unserem NLP-Master-Lehrgang die Master-Arbeiten verteilt wurden. Mit verteilt ist gemeint, dass sich jeder sein Thema aussuchen durfte. Prämisse dabei: mindestens acht Seiten Lese-Material. Nachdem ich bereits im Practitioner das Thema Metaphern ganz allgemein in einer 15-minütigen Präsentation vorgestellt hatte, und ich Metaphern ganz allgemein betrachtet faszinierend finde und gerne anwende, fiel es mir leicht, mich erneut darauf einzulassen. Die Idee wurde wach. Ich begann eine Datensammlung und hatte mich auf eine Metaphern-Thematik spezialisiert: **Tiere**.

Tiere werden sehr häufig in Metaphern verwendet, sowohl in einfachen Redensarten bis hin zu therapeutischen Metaphern bei Problemphysiologien. Nach dem wecken und wach werden wurde ich nun also aktiv.

Für mich war es eine sehr spannende und letztlich einzigartige Erfahrung und ein fantastisches Erlebnis, ein Buch zu schreiben.

Wenn Sie, wertes Lesepublikum, auch noch ihr Vergnügen hieran haben, hat es sich noch mehr gelohnt als es für mich jetzt schon bleibenden Wert hat. Und wenn darüber hinaus noch jemand für sich aus den Metaphern und Geschichten aus diesem Buch auch nur EIN Thema davon als Lösungsmöglichkeit für eine persönliche Herausforderung findet, die ihm/ihr weiterhilft, hat sich das Verfassen dieses Buchs nochmals gegenseitig rentiert. Ich wünsche Ihnen vergnügliche Kurzweil und viele AHA- und SOSO-Erlebnisse beim Studieren dieser Lektüre.

Wer vergnügliche und feinsinnig aufbereitete humoristisch super gestaltete Berichte und Geschichten im Zusammenhang mit Tieren nachlesen möchte, dem ist diese Seite von mir empfohlen:

http://www.der-postillon.com/search/label/Tiere

Kapitel 1 Definition und Bedeutung von (Tier-) Metaphern
1.1 Metapher: Allgemeine Definition und Analyse
1.2 Arten von Metaphern
1.2.1 Tote Metaphern
1.2.2 Stehende Metaphern
1.2.3 Lexikalisierte Metaphern
1.2.4 Dunkle Metaphern
1.2.5 Kühne Metaphern
1.2.6 Euphemistische Metaphern
1.2.7 Bewusste Metaphern
1.3 Definition, Bedeutung und Nutzen von Tiermetaphern
1.4 Definition Phraseologismus
1.5 Vom Ein-, Zwei-, Drei- und Vierbein (nach Vera F. Birkenbihl)

Kapitel 2 Praxisorientierter Einsatz von Tiermetaphern
2.1 Beispiele mit falscher Beziehung zur Tiereigenschaft
2.1.1 Rabeneltern
2.1.2 Dumme Gans
2.1.3 Bienenfleißig
2.1.4 Lustmolch
2.2 Beispiele mit korrekter Beziehung zur Tiereigenschaft
2.2.1 Bärenstark
2.2.2 Wieselflink
2.2.3 Adleraugen
2.3 Redensarten und Sprichwörter mit Tieren
2.4 Der gepfefferte Hase
2.5 Metaphorische Zitate mit Tieren

2.6 Tiere als Beziehungstypen
2.6.1 Ich-, Du-, Wir-Typen
2.6.2 Macher-, Fühler-, Denker-Typen
2.6.3 Vergangenheits-, Gegenwarts-, Zukunfts-Typen
2.6.4 Wasser-, Land-, Luft-Typen
2.7 Bedeutung von Tiereigenschaften und Umfeld
2.7.1 Äußere Merkmale der Tiere
2.7.2 Umfeld und Lebensraum der Tiere
2.7.3 Soziales Verhalten der Tiere
2.7.4 Sonstiges Verhalten der Tiere

Kapitel 3 Der böse Wolf und GfK
3.1 Rotkäppchen lügt!
3.2 Wolf und Giraffe – Das Konzept der Gewaltfreien Kommunikation nach Dr. Marshall B. Rosenberg

Kapitel 4 Tiere in Märchen – Eine Analyse
4.1 Die Bremer Stadtmusikanten
4.2 Vom Fischer und seiner Frau
4.3 Der gestiefelte Kater
4.4 Das hässliche Entlein
4.5 Der Wolf und die sieben Geißlein
4.6 Die drei kleinen Schweinchen
4.7 Der Hase und der Igel
4.8 Der Zaunkönig
4.9 Der Wolf und der Fuchs
4.10 Der Froschkönig
4.11 Die sieben Raben
4.12 Der Fuchs und die Gänse

Kapitel 5 Einsatz von Tieren in der Werbung
5.1 Faktoren
5.2 Hund und Katz
5.3 Schlange
5.4 Bär
5.5 Frosch
5.6 Sonstige

Kapitel 6 Tiere in religiösen Metaphern
6.1 Der Ausflug ins religiöse Tierreich
6.2 Die Heuschrecke
6.3 Der Löwe
6.4 Die Taube
6.5 Der Esel
6.6 Der Adler
6.7 Der Fisch
6.8 Das Kalb
6.9 Das Schaf
6.10 Die Schlange

Kapitel 7 Tiere in therapeutischen Metaphern
7.1 Einfache therapeutische Metaphern
7.1.1 **Die Tiere im Wald** zur Herausforderung: Suchtverhalten
7.1.2 **Der ungerechte Bär** zur Herausforderung: Trägheit
7.1.3 **Der perfekte Tag** zur Herausforderung: eingeschränkte negative Wahrnehmung
7.2 Verschachtelte therapeutische Metaphern
7.2.1 **Die fleißige Biene** (von Silvia Meves) zur Herausforderung: Übereifrigkeit, Arbeitsüberlastung

7.2.2 **Was machst Du aus Deinem Leben?** (von Markus Schäfer) zur Herausforderung: Leistungs- und Lebenszufriedenheit

7.2.3 **Gemeinsam gräbt besser** (von Harald Koch) zur Herausforderung: Hilfe annehmen nach Schicksalsschlag

7.2.4 **Eine starke Gemeinschaft** (von Stefan Heller) zur Herausforderung: Minderwertigkeitsgefühl, Angst um fehlende Einzigartigkeit in der Menge

Kapitel 1 Definition und Bedeutung von (Tier-) Metaphern

Fühlen Sie sich auch manchmal tierisch genervt, wenn Sie sich im Haifischbecken unter den Kollegen wie ein Aal winden müssen, um dann endlich die Mücke machen zu können? Willkommen im opulent ausgestatteten Reich der Tiermetaphern!

1.1 Metapher: Allgemeine Definition und Analyse

Metaphern werden schon denkbar lange und denkbar häufig genutzt und oftmals ist uns dies gar nicht konkret bewusst. In Metaphern sind Menschen, Tiere, auch Pflanzen oder Fabelwesen mit Problemen oder schwierigen Situationen konfrontiert. Auf der Suche nach einer Lösung werden sie zumeist von einem oder mehreren in der Metapher vorkommenden Protagonisten im Findungsprozess unterstützt.

Eine Metapher ist somit eine unterhaltsame Geschichte mit belehrendem Charakter, ohne dass uns diese Belehrung auffällt. Das sollte sie auch nicht, da wir uns ungern belehren lassen. Eine amüsante oder interessante Anekdote hingegen finden wir oftmals vergnüglich.

Aus etwas Abstraktem wird durch die Verbildlichung mittels einer Metapher ein kognitiv wahrnehmbares „Etwas" generiert. Wir haben ein Bild im Kopf und wissen trotzdem was damit im Kontext mit dem Bildempfänger gemeint ist.

Wenn also jemandem etwas „tierisch auf die Nerven geht" so soll das „tierisch" eine hohe Eskalationsstufe des Genervt-seins ausdrücken. Die Vorstellungswelt der Zuhörer soll erreicht werden. Dabei gilt es, kontextsensitiv vorzugehen. Zudem sollte eine Metapher eingänglich sein. Originell, überraschend, um den Zuhörer neugierig und die dahinter stehende Botschaft attraktiv zu machen.

Metaphern sollten sinnfällig sein, damit diese beim Empfänger keine Missverständnisse oder schlechte Gefühle auslösen. Beispiel: Ein Projektleiter möchte Sie dazu antreiben, schneller zu arbeiten, obwohl Sie bereits alle Kräfte mobilisieren. Er möchte Druck ausüben, jedoch wird eine Aufgabe unter Druck auch nicht schneller gelöst werden. Eine hierfür nicht sinnfällige Metapher wäre, dass Sie sich „wie eine ausgequetschte Zitrone" fühlen, da die Aussage den Kontext der Situation nicht beinhaltet. Sinnfällig ist die Aussage: „Das Gras wächst auch nicht schneller, wenn man daran zieht."

Der Begriff **Anthropomorphismus** darf im Zusammenhang mit der **Tiermetapher** erwähnt werden, deutet die Definition doch auf die Vermenschlichung von Tieren hin, soll bedeuten, Tieren werden menschliche

Eigenschaften zugesprochen. Der aus zwei Bedeutungen zusammengesetzte Begriff stammt aus dem Griechischen (Anthropos = Mensch und morphe = Gestalt).

Besonders häufig finden sich antropomorphe Tiere in Märchen, sowie in Comicserien, wie alle Figuren von Walt Disney z.B. Micky Maus, weitere Beispiele sind Der rosarote Panther, Roadrunner und Kojote, Sylvester und Tweety, die Tigerente, Winnie Puh, um nur einige zu nennen.

Interessanterweise finden sich auch Beispiele, die genau das Gegenteil darstellen, in der fiktiven Welt der Superhelden. Spiderman erhält seine Kräfte durch den Biss einer Spinne und kann plötzlich – so wie Spinnen das können – an Wänden hochkrabbeln und Spinnenfäden weben. Der Umstand, dass Spiderman diese Fäden aus dem Handgelenk schleudert und nicht wie die Spinne aus Spinndrüsen am Ende ihres Abdomens sei gerne der optischen Ästhetik geschuldet.

Catwoman wird von Katzen nach einem regulär tödlichen Unfall wieder Leben eingehaucht und erhält deren Fähigkeiten, zum Beispiel aus großer Höhe unverletzt zu landen, Geschmeidigkeit in den Bewegungen und eine gewisse „Zickigkeit", wie sie den eigenwilligen Katzen gern zugesagt wird.

1.2 Arten von Metaphern

1.2.1 Tote Metaphern

Es handelt sich um eine Metapher, deren Bedeutung verloren gegangen oder nicht mehr bekannt ist, zwei Beispiele: Tischbein, Handschuh. Nehmen wir an Sie schießen mit Pfeil und Bogen und der Pfeil fliegt ins Ziel. Nichts Ungewöhnliches in dieser Aussage werden Sie annehmen. Schauen wir genauer hin, werden wir auf den Begriff „fliegen" aufmerksam. Ist das Fliegen denn nicht eine ausschließliche Eigenschaft von Vögeln? Wohl nicht, denn wir benutzen den Begriff in weiteren Zusammenhängen. Da „fliegt" jemand von der Schule, es „fliegen" die Fäuste bei einem Streit, ein Pärchen „fliegt" aufeinander, wenn sie sich mögen. Alles abgeleitet von der Art der Fortbewegung von Vögeln. Auch ein Stein wird nicht einfach nur geworfen und landet im Ziel, er fliegt natürlich, obwohl ganz offensichtlich ein Stein im Sinne des Ursprungs vom Fliegen gar nicht fliegen kann. Genauso wenig wie ein Pfeil wirklich fliegen kann, wobei sich damals – lang ist's her – bei der Erfindung dieser Waffe beim Pfeilflug metaphorisch an den Vogelflug angelehnt wurde. In der Zwischenzeit ist das jedoch in Vergessenheit geraten und schon wird hieraus eine tote Metapher generiert.

Illustration: Michael Hüter

1.2.2 Stehende Metaphern

Es gibt die so genannten stehenden Metaphern, die in vergleichbaren Wechselbeziehungen immer wieder anzutreffen sind. Das kann eine Phrase, ein Merkspruch oder eine Redewendung sein. Beispiel: Jemandem einen Bärendienst erweisen. Bedeutung: eine Hilfestellung in gut gemeinter Absicht wirkt sich für den Unterstützten trotzdem mit Nachteilen für ihn aus. Der unzähmbare Bär steht hier als Bezugstier dafür, dass dieser für eine helfende Arbeit nicht brauchbar ist. Hierbei möchte ich Ihnen ganz gewiss keinen Bären aufbinden!

1.2.3 Lexikalisierte Metaphern

Das sind tote Metaphern, die in unserem Wortschatz eine Zweitbedeutung gefunden haben. Beispiel: Schloss. Die ursprüngliche Alleinbedeutung war eine Vorrichtung zum Verschließen von z. B. Truhen oder Räumlichkeiten. Heute verstehen wir unter einem Schloss zusätzlich ein repräsentatives Burg-ähnliches Gebäude, welches vom Adel bewohnt wird oder wurde. Oh Sie erwarten richtigerweise ein tierisches Beispiel. Bitte sehr: Schnecke. Welche spontanen Gedanken Sie auch immer haben mögen, wir kennen sicherlich alle das süße Gebäck vom Konditor, welches eben wie das spiralförmige Haus der Schnecke „nachgebaut" ist. Ein weiterer Zusammenhang erschließt sich aus dem Maschinensektor, wo eine (Förder-)Schnecke zum Transportieren von z. B. Schüttgütern genutzt wird. Zu guter Letzt kennen wir die Hörschnecke als Teil des Innenohrs.

1.2.4 Dunkle Metaphern

Dunkle Metaphern bedürfen beim Empfänger einer besonderen mentalen Leistung, weil sie sehr „versteckt" sind und auf besonders schwer erkennbaren Ähnlichkeitsbezügen beruhen. „Fertig" sagte das Ei als es gelegt war. Manchem mag hier sofort oder nach kurzer Zeit eine Sinndeutung einfallen. Trotzdem ist die Bedeutung sehr weit hergeholt. Die Metapher soll besagen, dass ein abgeschlossen scheinender Prozess häufig der Beginn eines weiteren oder anderen Prozesses darstellt. Wo das Ei sein legen als „fertig" bezeichnet, so ist doch klar, dass dieses Ei sich am Beginn seines eigentlichen Entwicklungsprozesses befindet, also etwas Neues beginnt. Ein weiteres Beispiel mit ganz ähnlicher Bedeutung direkt aus der „grausamen" Natur: die Schlupfwespe gilt als Parasit, und sie wird als biologischer Schädlingsbekämpfer eingesetzt. Sie legt ihre Eier in Wirtstiere ab (Mottenlarven, Läuse, Käfer) die sich hieraus entwickelnden Larven schlüpfen nach einigen Tagen aus der Wirtshülle. Mit einer solchen Metapher (je nach Kontext kann auch ein solcher „brutaler" Vergleich angebracht sein) kann einem Klienten klargemacht werden, dass ein Ende von etwas (z. B. eine berufliche Laufbahn) nicht ein absolutes Ende darstellt, sondern dass sich hieraus neue Möglichkeiten ergeben.

1.2.5 Kühne Metaphern

Diese verbinden zwei Wirklichkeitsbereiche, die nach allgemeiner gesellschaftlicher Wertung als nicht vereinbar angesehen werden. Beispiele: Erotik und Religion, Computertechnik und Gefühlswelt, Tiere und Politik. Zu letzterem Beispiel fällt mir ein animierter Zeichentrickfilm ein „Die Farm der Tiere". Hierbei geht es darum, dass die Tiere auf einem Bauernhof die scheinbare Unterdrückung durch die Menschen durch ein Aufbegehren auflösen, um danach die erwünschte Freiheit zu genießen. Es stellt sich jedoch heraus, dass durch politisch motivierte Machtkämpfe und Festlegen von Regeln die Schweine (!!) die Vorherrschaft erringen und ihrerseits die anderen Tiere unterdrücken, so dass eine noch größere Ausbeutung als vorher durch die Menschen vermutet stattfindet.

1.2.6 Euphemistische Metaphern

Sie verwenden einen Ersatzausdruck für einen Begriff, der ansonsten mit einer negativen Bedeutung oder einem Tabu verbunden ist. Beispiele: „von uns gehen" anstelle sterben, „Entsorgungspark" anstelle Müllhalde. Eine existente Tiermetapher ist mir dazu nicht eingefallen also erfinde ich eine und überlasse Ihrer Fantasie, worum es sich beim „Hasensport" handeln könnte.

1.2.7 Bewusste Metaphern

Diese werden bewusst „neu erfunden" um eine bestimmte manipulative oder kommerzielle Wirkung zu erzielen, zumeist finden wir solche Metaphern in der Werbung. Hierbei werden Produkteigenschaften symbolisiert oder das Produkt über die Metapher definiert. Beispiele: ein Camembert der zu Anteilen aus Quark und aus Käse besteht, wird „Quäse" genannt. Ein Kfz-Autoteilehändler nennt sich „Meister gegen den Verschleiß". Ein Wursthersteller nennt seine Grillwurst wirkungsvoll „Bruzzzler". Wer denkt beim Produktnamen „Milka" nicht sofort an die lila Kuh? Mehr dazu in Kapitel 2.2. Tiere in der Werbung.

1.3 Definition, Bedeutung und Nutzen Tiermetapher

Nach einem Eintrag der Online-Enzyklopädie PlusPedia wird als Tiermetapher das sprachliche Bild bezeichnet, das einen Begriff aus dem Tierreich als Bildspender auf Menschen oder die Gesellschaft anwendet. Die Erzählform von Geschichten, in denen nur Tiere eine (Haupt-)Rolle spielen, wird als Tierfabel bezeichnet. Gern bedienen wir uns der Tiere, um abstrakte Begriffe oder menschliche Stärken und Schwächen anschaulich zu machen.

Tiere werden dabei auf ganz unterschiedliche Art und Weise als Metapher bzw. in einer Metapher genutzt.

Zumeist schreiben wir den Tieren bestimmte Eigenschaften zu (ob diese nun richtig oder falsch sind – dazu später mehr) und übertragen diese auf eine Person, eine Personengruppe oder die Gesellschaft.
Tierische Eigenschaften können auch nur mittelbar angewendet werden und gar nichts mit einer Person zu tun haben. Hat sich bei Ihnen jetzt womöglich ein Fragezeichen über der Stirn gebildet? Na gut gleich wird eine Erläuterung geliefert. Siehe das Beispiel bei „tote Metaphern".

Tiere verkörpern bestimmte Eigenschaften, die auf Menschen übertragen werden. Welche Eigenschaft dem jeweiligen Tier zugeordnet sein kann, beruht meistens auf den Beobachtungen des Tierverhaltens in der Natur oder ist in der Mythologie, Folklore und literarischen Werken eines bestimmten Volkes verankert. Auch die theologischen Schriften leisten dazu einen Beitrag. Was die von den betrachteten Tieren verkörperten Eigenschaften anbetrifft, kann man feststellen, dass die Phraseologismen der beiden Sprachen bis auf einige Ausnahmen vorwiegend die negativen Eigenschaften zum Thema haben. Man kann sagen, dass die Tierbezeichnungen bei den vergleichenden Phraseologismen besonders produktiv sind. Vergleiche mit Tiernamen wirken besonders anschaulich und überzeugend.

1.4 Definition Phraseologismus

Unter einem **Phraseologismus** versteht die Sprachwissenschaft eine zu einer festen Form verwachsene Folge lexikalischer Komponenten.Ein Phraseologismus muss aus mindestens zwei lexikalischen Einheiten bestehen. (Quelle: wikipedia) Beipiele hierfür: dumme Gans, dicker Hund, schlauer Fuchs. Diese Definition wird in den weiteren Kapiteln noch verwendet, daher an dieser Stelle die Erläuterung.

1.5 Vom Ein-, Zwei-, Drei- und Vierbein
(nach Vera F. Birkenbihl)

Um den Sinn von Metaphern sowie die Simplifikation von Metaphern im Alltag deutlich zu machen, hat Vera F. Birkenbihl das nachstehende Beispiel verfasst. Lesen Sie den nächsten Absatz zweimal durch und wiederholen Sie dann das Gelesene ohne dabei auf den Text zu schauen.

„Zweibein saß auf Dreibein und aß Einbein. Da kam Vierbein und nahm Zweibein das Einbein ab, worauf Zweibein mit dem Dreibein auf Vierbein schlug und Vierbein daraufhin das Einbein fallen ließ."

Können Sie diesen Text nach zweimaligem Lesen exakt wiedergeben ohne hinzuschauen? Nein? Wenn Sie umblättern erfahren Sie Hilfe.

Wenn Sie übrigens Ihre eigene Präsentation mit derartiger Komplexität „würzen" und Einheitsbrei-Akustik verwenden, können Sie sicher sein, dass ihre Zuhörer bald überall sein werden – nur nicht mehr bei Ihnen. Mit solchen Formulierungen wird Ihre Botschaft verpuffen. Gestalten und verknüpfen Sie Ihre Botschaft allerdings mit einer Geschichte oder mit vielen Beispielen, wird der Zuhörer gebannt an Ihren Lippen hängen und stets gespannt warten, was Sie als nächste interessante Information auf dem üppigen Tablett Ihres rhetorischen Menüs servieren. SO werden Präsentationen mit nachhaltiger Wirkung erzeugt.

Hier die Auflösung:
Stellen Sie sich vor, das Zweibein ist ein Mensch, das Dreibein ein Hocker, das Vierbein ein Hund, und das Einbein ein Hähnchenschenkel.
Jetzt haben Sie die Bilder im Kopf,

"wie ein Mensch auf einem Hocker sitzt und einen Hähnchenschenkel isst. Da kommt ein Hund und nimmt dem Menschen den Hähnchenschenkel ab. Der Mensch nimmt daraufhin den Hocker und schlägt auf den Hund, der wiederum den Hähnchenschenkel fallen lässt."

So, der Text ist jetzt mit Sicherheit auch sehr viel später noch in Ihnen abrufbereit. Jetzt können Sie verstehen, was es bedeutet, mit Hilfe von Metaphern eine Geschichte in Ihrem Gedächtnis zu verankern.

Kapitel 2 Praxisorientierter Einsatz von Tiermetaphern

Als direkte Vergleichsmetapher werden richtige oder auch falsch zugeordnete Eigenschaften von Tieren auf den oder die Menschen oder auf bestimmte Gruppierungen oder sogar die Gesellschaft übertragen. Dabei kann die Absicht sowohl negativ als auch positiv gemeint sein.

2.1 Beispiele mit falscher Beziehung zur Tiereigenschaft

2.1.1 Rabeneltern sollen Personen beschreiben, die sich nicht sonderlich gut um Ihren Nachwuchs kümmern. Tatsächlich sind Raben jedoch sehr fürsorgliche Tiere, die sich liebevoll um die Nachkommenschaft kümmern.

Illustration: Michael Hüter

2.1.2 Die **dumme Gans** soll eine Person beschreiben, die sich unklug verhält. Eine Gans ist im Gegenteil relativ intelligent wie die meisten Vögel. Darüber hinaus sind Gänse als Zugvögel sehr energie-ökologisch. Durch die V-Form nutzen sie die natürlichen Gegebenheiten der Spähre aus, um ca. 70% effektiver zu fliegen als würde jede Gans alleine vor sich hin flattern. Hierbei nutzt jede Gans den Aufwind der vor ihr flügelschlagenden Kollegin aus. Wird die Leitgans müde, kehrt sie in die Formation zurück und eine andere Gans übernimmt. Die hinteren Gänse schreien um die vorderen Gänse anzufeuern damit sie das Tempo halten.

Ist eine Gans verletzt verlassen zwei weitere Gänse die Formation um die Gans zu begleiten, entweder bis diese sich wieder erholt hat oder stirbt.

2.1.3 **Bienenfleißig** soll jemand sein, der gute und zügige Arbeiten verrichtet. Bienen sind allerdings eher arbeitsscheu jedoch Meister der Effizienz. Das Attribut Fleiß ist besser den Ameisen zuzuschreiben.

2.1.4 Ein **Lustmolch** soll eine Person sein, die sexuell triebhaft agil ist. Ein sehr unpassender Begriff wenn man weiß, dass ein Molch seinen Samen ablegt, verschwindet, und das Weibchen es abholt. Nicht sonderlich lustvoll diese „Paarung".

2.2 Beispiele mit korrekter Beziehung zur Tiereigenschaft

2.2.1 **Bärenstark** ist eine Person, wenn sie über hohe muskuläre Kräfte verfügt. Tatsächlich ist ein Bär ein sehr kräftiges Tier.

2.2.2 **Wieselflink** bezeichnet eine Person, die sehr wendig und agil ist. Tatsächlich sind Wiesel sehr schnelle Tiere.

2.2.3 **Adleraugen** hat eine Person, wenn sie über ein sehr gutes Erkennungsvermögen verfügt. Tatsächlich haben Adler „Teleskopaugen" mit denen sie aus großen Entfernungen noch sehr gut sehen können.

2.3 Redensarten und Sprichwörter mit Tieren

In der folgenden Tabelle sind Begriffe, Redensarten und Sprichwörter sowie die zugehörige Definition der Bedeutung abgebildet. Die Reihenfolge ist die alphabetische Sortierung nach dem Tiernamen von Aal bis Zebra.

Begriff, Redensart	Definition
Sich winden wie ein **Aal**	Ausreden und Vorwände finden um sich einer unangenehmen Situation zu entziehen
Er ist **aal**glatt	Ausdruck für eine Person die unkonkret ist und sich jederzeit einer Situation entziehen kann
Klappe zu – **Affe** tot	es geht nichts mehr, es ist vorbei
Sich zum **Affen** machen	sich durch peinliches Aufführen lächerlich machen
Einen **Affen** sitzen haben	betrunken sein
Affenbrot	Frucht des Affenbrotbaums
Jemandem einen **Bären** aufbinden	Jemandem eine unwahre Geschichte erzählen, lügen
Einen **Bären**dienst erweisen	Eine Schlechtleistung erbringen, die dadurch mehr Arbeit macht als zuvor geplant

Begriff, Redensart	Definition
Den **Bock** zum Gärtner machen	jemandem eine Aufgabe übertragen, für die er nicht geeignet ist
Bockmist bauen	Durch falsches Verhalten einen Schaden anrichten
Das **Ei** des Kolumbus	Die Lösung für ein zuvor unmöglich erscheinendes Problem
Mühsam ernährt sich das **Eichhörnchen**	Es geht nur in sehr kleinen Schritten voran
Der Teufel ist ein **Eichhörnchen**	Aus harmlos erscheinenden Situationen können große Komplikationen entstehen
Elchtest	Slalom-Fahrtest für Kfz (Ausweichmanöver)
Ein **Elefant** im Porzellanladen	sich ungeschickt, tölpelhaft, tollpatschig, rücksichtslos benehmen, geringe Aufmerksamkeit auf das Umfeld haben
Gedächtnis wie ein **Elefant**	Ein gutes Erinnerungsvermögen besitzen
Eine **Esel**sbrücke bauen	durch eine systematische Vorgehensweise wird ein Hindernis überwunden

Begriff, Redensart	Definition
Wenn es dem **Esel** zu wohl wird geht er aufs Eis	ein unnötiges Risiko eingehen, übermütig sein
Ein **Esel** schimpft den anderen Langohr	Jemand wirft einem anderen Fehler oder Schwächen vor, die er selbst hat
Wenn man den **Esel** nennt kommt er gerannt	Ausdruck der Überraschung das jemand auftaucht über den man gerade gesprochen hat
Was dem einen seine **Eule** ist dem anderen seine Nachtigall	Was einem gefällt muss dem anderen nicht gefallen, dafür hat er andere Vorlieben
Eulen nach Athen tragen	etwas Überflüssiges tun
Der **Fisch** fängt vom Kopf an zu stinken	wenn etwas nicht funktioniert, ist die Führung daran schuld
Faultier	Bezeichnung für eine besonders bequeme Person die nicht gern arbeitet
Einen dicken **Fisch** an Land ziehen	einen besonders guten Gewinn erzielen, ein gutes Geschäft machen
Einen kranken **Fisch** angeln	Ein schlechtes Geschäft machen

Begriff, Redensart	Definition
Ungefangene **Fische**	sich gewisse Hoffnungen machen
In der Not frisst der Teufel **Fliegen**	Wenn es in einer Situation erforderlich ist, werden auch unattraktive Lösungen in Betracht gezogen
Keiner **Fliege** etwas zuleide tun	sehr gutmütiger gewaltfreier Mensch
Zwei **Fliegen** mit einer Klappe schlagen	durch das Lösen eines Problems ein weiteres Problem gleichzeitig erledigen
Ein **Fliegen**schiss	Eine geringwertige Kleinigkeit, es lohnt sich nicht
Jemandem einen **Floh** ins Ohr setzen	Jemandem etwas einreden
Lieber einen Sack **Flöhe** hüten als X tun	Beschreibt, dass X eine sehr unangenehme oder nervige Arbeit darstellt
Die **Flöhe** husten hören	sensible Wahrnehmung von Veränderungen, sich Dinge einbilden, die gar nicht existieren
Wo **Frösche** sind da gibt es auch Störche	Wo Opfer sind finden sich auch die Täter dazu

Begriff, Redensart	Definition
Wer den **Fuchs** fangen will, muss mit den Hühnern aufstehen	Rechtzeitiges Handeln sichert am wahrscheinlichsten den Erfolg
Einen **Frosch** im Hals haben	Heiserkeit, welche die Stimme schwächt, sich öfter räuspern müssen
Der **Frosch** hat gequakt	Ein als Verräter geltender Kumpan hat eine Zeugenaussage gemacht
Wo sich **Fuchs** und Hase gute Nacht sagen	weit abgelegener Ort fernab der Zivilisation
Einen toten **Gaul** reiten	Auf eine aussichts- oder sinnlose Angelegenheit beharren
Der **Hahn** im Korb sein	bewundert und beliebt sein
… weiß der **Geier**…	Drückt Desinteresse auf eine gestellte Frage aus, für die keine Antwort bekannt ist
Über der Firma schwebt der Pleite**geier**	Die Firma ist nahezu bankrott
Den roten **Hahn** auf dem Dach haben	Veraltet für: Haus / Dachstuhl brennt

Begriff, Redensart	Definition
Da kräht kein **Hahn** danach	Eine Angelegenheit ist in Vergessenheit geraten, niemand interessiert sich für eine Sache
Finanz-**Hai**	Abwertender Begriff für einen Finanzberater, dem unseriöse Absichten unterstellt werden
ein alter **Hase** sein	in Angelegenheiten viel Erfahrung besitzen
Da liegt der **Hase** im Pfeffer	das ist der entscheidende Punkt der Angelegenheit
Wissen wie der **Hase** läuft	über Abläufe und Prozesse gut Bescheid wissen
Hasenfuß	Abwertende Bezeichnung für eine übervorsichtige, ängstliche Person
Der **Hecht** im Karpfenteich sein	Unruhe verbreiten, die Ruhe stören
Wer einen **Hecht** angelt sollte auch wissen wie man ihn zubereitet	Wer einen besonders attraktiven Partner findet muss in der Lage sein mit den damit verbundenen Herausforderungen umzugehen
H**erd**männchen	Scherzhafte Bezeichnung für einen Hausmann
Dünner **Hering**	Sehr schmale schmächtige Person

Begriff, Redensart	Definition
Auch ein blindes **Huhn** findet mal ein Korn	Jemand der für eine Aktivität ungeeignet erscheint oder inkompetent ist, kann durch Glück oder Zufall dennoch Erfolg haben
Das Ei will klüger sein als das **Huhn**	Jüngere wollen besser Bescheid wissen als die erfahrenen Älteren
Mit jemandem noch ein **Hühnchen** rupfen	es steht noch eine Aussprache an
Mit den **Hühnern** aufstehen / schlafen gehen	Sehr früh aufstehen / zu Bett gehen
Hühneraugen	Schmerzhafte Hornschwiele auf der Haut an den Füßen
Hummeln im Hintern haben	Ungeduldig, hyperaktiv sein
Viele **Hunde** sind des Hasen Tod	ein Einzelner wird von der Mehrheit überstimmt
Hunde die bellen beißen nicht	wer lautstark droht oder sich aufregt, ist zumeist nicht gefährlich
Schlafende **Hunde** wecken	einen geschlichteten Streit erneut ansprechen, durch sein Reden ein Risiko eingehen
Es regnet **Hunde** und Katzen	Sehr ausgiebiger Niederschlag

Begriff, Redensart	Definition
Hätt' der **Hund** nicht geschissen hätt' er den Hasen gekriegt	Salopper Ausspruch um die Abwägung einer wenn-dann-Bedingung
Da wird der **Hund** in der Pfanne verrückt	Ausdruck des Erstaunt-Seins über eine Angelegenheit
Da liegt der **Hund** begraben	Die Ursache eines Problems entdecken
Den Letzten beißen die **Hunde**	Jemand der sich aus einer unangenehmen Situation nicht mehr befreien kann, hat zum Schluss den Schaden
Mit großen **Hunden** pinkeln gehen	nur mit einflussreichen Personen umgeben sein wollen
Kalt wie eine **Hunde**schnauze	emotionslos, gleichgültig wirkender Mensch
Hundeblick	Schüchtern-treu schauend
Sich ein**igel**n	Sich schutzsuchend von seinem Umfeld zurückziehen
Eher geht ein **Kamel** durch ein Nadelöhr	verdeutlicht die Aussichtslosigkeit eines geplanten Vorhabens
Einen **Kater** haben	Kopfschmerz und Unwohlsein am nächsten Tag nach vorherigem Alkohol-Abusus

Begriff, Redensart	Definition
Das ist für die **Katz**	Zeitverschwenderische Aktivität
Schmuse**katze**	Anschmiegsame zärtliche Person
Mit jemandem **Katz** und Maus spielen	Unfaire Behandlung, Übervorteilung, in die Enge treiben
Die **Katze** im Sack kaufen	etwas ungeprüft erhalten und annehmen
Die **Katze** aus dem Sack lassen	die entscheidende Information ansprechen, bislang geheime Information offenbaren
Ist die **Katze** aus dem Haus tanzen die Mäuse auf dem Tisch	Sobald eine Aufsichtsperson weg ist, machen die anderen was sie wollen
In der Nacht sind alle **Katzen** grau	Wenn man nicht so genau hinschaut, sieht alles gleich aus kleine Mängel bleiben verborgen
Da beißt sich die **Katze** in den Schwanz	Eine Lösungsidee führt letztlich wieder zum Beginn des gleichen Problemzustands zurück
Katzenjammer	Synonym für einen Kater haben

Begriff, Redensart	Definition
Eine **Krähe** hackt der anderen kein Auge aus	ein Mitglied einer bestimmten Gruppierung wird über ein gleichgestelltes Mitglied der gleichen Gruppierung keine negativ zu wertenden Aussagen machen oder outen selbst wenn eine Offenlegung angebracht ist
Eine **Kröte** schlucken	Einen Nachteil in Kauf nehmen müssen
Wer eine **Kröte** fressen muss sollte sie nicht lange betrachten	Eine unangenehme nicht zu umgehende Angelegenheit sollte schnell erledigt werden damit die Sache vorbei ist
Krokodilstränen weinen	Tränen vergießen und damit Gefühle vortäuschen ohne dass eine Anteilnahme besteht
Geh doch zum **Kuckuck**	Drückt aus dass jemand verschwinden soll
Zum **Kuckuck** noch mal!	Ausdruck der Verärgerung
Einen **Kuh**handel eingehen	einen Vertrag abschließen in Kenntnis, dass ein Vertragspartner einen Nachteil davon hat
Kuhfuß	Bezeichnung für ein Hebelwerkzeug

Begriff, Redensart	Definition
Milch**kuh**	Saloppe Bezeichnung für eine stillende Mutter
Be**lämm**ert dreinschauen	Stupide wirkender Gesichtsausdruck
Ein **laus**iges Ergebnis	Eine sehr schlechte Qualität liefern
Eine **Laus** ist über die Leber gelaufen	es gibt einen Störungsgrund, missfallendes Verhalten
Jemanden oder etwas ent**larve**n	Unbekannte Eigenschaft aufdecken, entdecken
Löwenanteil	Von etwas eine sehr große Portion abbekommen
Party**löwe**	Mann der an allen Partys teilnimmt
Leben wie die **Made** im Speck	es sich (zumeist auf Kosten anderer) gut gehen lassen
Jemandem etwas **madig** machen	Jemandem die Attraktivität einer Sache oder Angelegenheit verleiden
Eine graue **Maus**	unauffälliger, bescheidener zumeist dem weiblichen Typus zugehöriger Mensch, zurückhaltende Selbstdarstellung, schüchtern

Begriff, Redensart	Definition
Wenn die **Maus** satt ist, schmeckt das Mehl bitter	Sobald jemand von einer Angelegenheit genug (konsumiert) hat, verliert er das weitere Interesse daran bzw. wird er dessen überdrüssig
Da beißt die **Maus** keinen Faden ab	etwas ist sicher und verlässlich
Computer**maus**	Hilfsgerät zumeist mit zwei Knöpfen zum Navigieren und selektiven Eingeben von Daten in den Computer
Mit Speck fängt man **Mäuse**	um Erfolg zu haben kann es hilfreich sein, vorab Investitionen zu tätigen
Es ist zum **Mäuse** melken	etwas will partout nicht gelingen
Da kriegst du die **Motten**	Ausdruck des Ärgernisses, wenn eine Sache nicht so funktioniert wie sie soll
Die **Mücke** machen	Sich schnell vom aktuellen Aufenthaltsort entfernen
Aus einer **Mücke** einen Elefanten machen	maßlos übertreiben, eine Kleinigkeit unnötig aufbauschen
Schlafen wie ein **Murmeltier**	lange und tiefe Nachtruhe genießen

Begriff, Redensart	Definition
Dastehen wie der **Ochs** vorm Scheunentor	in einer Situation völlig perplex sein
Plappern wie ein **Papagei**	Etwas nachsprechen ohne nachzudenken
wie **Phönix** aus der Asche steigen	nach scheinbar vollständigem Niedergang neu erstehen
Man hat schon **Pferde** kotzen sehen	Nichts ist unmöglich
Die **Pferde** scheu machen	übertriebene Nervosität, Unruhe verbreiten, grundlose Aufregung
Das beste **Pferd** im Stall sein	Für ein Unternehmen der wertvollste leistungsfähigste Mitarbeiter sein
Sich **pudel**wohl fühlen	Sich sehr behaglich fühlen
Pudelmütze	Wärmende Kopfbedeckung
Das ist des **Pudels** Kern	Synonym zu „da liegt der **Hase** im Pfeffer" das ist der entscheidende Punkt der Angelegenheit
Die **Ratten** verlassen das sinkende Schiff	Vor einer Krise loyal wirkende Personen wenden sich nun ab
Lese**ratte**	Jemand der gern und viel liest

Begriff, Redensart	Definition
Land**ratte**	Jemand der bevorzugt auf dem Land, festem Boden lebt
Raupe Nimmersatt	Bezeichnung für eine Person, die ständig weitere Forderungen stellt
Scheues **Reh**	Schüchterne sehr zurückhaltende Person
Rehaugen	Besonders große als sehr attraktiv geltende Augen
Auf dem hohen **Ross** sitzen	überhebliches, arrogantes Verhalten
Die **Sau** rauslassen	sich austoben, feiern
Eine **Sau** durch das Dorf treiben	Ein Gerücht verbreiten
Was juckt es die Eiche, wenn sich eine Wild**sau** an ihr reibt?	Ausdruck der Gleichgültigkeit, wenn sich andere über ein Verhalten aufregen
Perlen vor die **Säue** werfen	etwas Wertvolles überlassen, was der Empfänger jedoch nicht würdigt
Das schwarze **Schaf**	Auffälliger Außenseiter
Die **Schäfchen** im Trockenen haben	seinen Vorteil gesichert haben

Begriff, Redensart	Definition
Jemanden zur **Schnecke** machen	Eine Person zurechtweisen, erniedrigen
Im **Schnecke**ntempo	Es geht nur sehr langsam voran
Ins **Schnecke**nhaus verkriechen	Sich weiterer Kommunikation durch schweigen entziehen
Warte**schlange**	Mehrere hintereinander stehende Menschen die sich um ihre Abfertigung gedulden
Schlangengrube	Gruppe von Gleichgesinnten mit undurchsichtigen boshaften Absichten
Eine **Schwalbe** machen	Ein Fußballer täuscht vor, gefoult worden zu sein
Eine **Schwalbe** macht noch keinen Sommer	ein Einzelfall sollte nicht überbewertet werden
Mein lieber **Schwan**	Ausdruck des Erstaunt-Seins, meist Beeindruckt-Seins
Ich glaub mein **Schwein** pfeift	Reaktion auf unerhörtes, freches Benehmen
Schweinepriester	Abwertende Bezeichnung für eine verachtete abgelehnte Person
Schweinsohren	Gebäckspezialität aus gezuckertem Blätterteig

Begriff, Redensart	Definition
Der innere **Schweine**hund	Beschreibt den schwachen Willen einer Person, sich vor unangenehmen Erledigungen drücken
Etwas im **Schweine**galopp erledigen	Eine Sache schlampig bearbeiten, schlechte Qualität abliefern
Warten dass einem gebratene **Tauben** in den Mund fliegen	Naives und als sinnlos zu wertendes Hoffen auf bessere Zeiten, Traum vom schönen Leben
Spatzenhirn	Abwertende Bezeichnung für eine kognitiv benachteiligte Person
Lieber den **Spatz** in der Hand als die Taube auf dem Dach	Einen kleinen gesicherten Vorteil vorziehen anstelle für einen noch nicht erreichten größeren Vorteil ein Risiko eingehen und am Ende womöglich leer ausgehen
Stinktier	Abwertende Bezeichnung für einen unangenehme Person, unhygienischer Mensch
Den **Tiger** im Tank haben	sportlich Auto fahren
Essen wie ein **Spatz**	sehr wenig Nahrung aufnehmen

Begriff, Redensart	Definition
Die **Spatzen** pfeifen es von den Dächern	Allseits bekannte Information, Gerücht
Er ist ein **Spinner**	Ausdruck für eine Person mit Ideen, die als abstrus angesehen werden
Spinnefeind sein	Extrem widersächliche Haltung
Den **Stier** bei den Hörnern packen	eine Aufgabe endlich aktiv und offensiv angehen, Herausforderung annehmen
Störrischer **Stier**	Durchsetzung vermögende, verbohrte Person
Der frühe **Vogel** fängt den Wurm	Rechtzeitiges Handeln sichert am wahrscheinlichsten den Erfolg
Einen **Vogel** haben	Ausdruck für jemanden, der sonderbare Ideen äußert
Nicht mehr alle **Vögel** auf der Oberleitung haben	Synonym für Einen Vogel haben
Waschbärbauch	Amüsante Bezeichnung für einen durch Übergewicht gekennzeichneten Bauch
In ein **Wespen**nest greifen	eine sehr heikle Angelegenheit aufgreifen, die eine Kette von neuen Reaktionen hervorruft

Begriff, Redensart	Definition
Wespentaille	Extrem schmaler Hüftumfang
Der **Wolf** im Schafspelz	jemand kommt gutmütig daher und versteckt seine Absichten
Mit den **Wölfen** heulen	Sich anpassen, das Gleiche tun wie die anderen
Den **Wurm** aus der Nase ziehen	durch mühseliges Hinterfragen Informationen aus jemandem locken
Da steckt der **Wurm** drin	In einer Sache sind noch Fehler enthalten
Das **wurm**t mich	Ein Sachverhalt verärgert mich
Zebrastreifen	Markierung auf Straßen, mit der Fußgängern die vorrangige Überquerung der Straße gegenüber Fahrzeugen eingeräumt wird

Jemanden zu……????? machen

Illustration: Michael Hüter

2.4 Der gepfefferte Hase

Widmen wir uns der Redewendung „da liegt der Hase im Pfeffer" näher, um sowohl dem Buchtitel gerecht zu werden als auch eine verfeinerte Definition dieser Metapher herzuleiten. In der vorstehenden Tabelle ist die Bedeutung „das ist der entscheidende Punkt der Angelegenheit". Beginnen wir bei der Analyse mit der sachlichen Herleitung.

Ein Hase liegt im Pfeffer. Was stellen Sie sich darunter, interpretationsfrei betrachtet vor? Wir haben einen Hasen als Bild im Kopf, dessen Körper in diesem scharfen Gewürz ruht.

Ist der Hase tot oder lebt er noch? Was für ein Hase ist es? Liegt er auf dem Bauch oder auf dem Rücken? Hat er ein kurzes oder ein langes Fell? Ist der Pfeffer gemahlen oder besteht er aus ganzen Pfefferkörnern?

Einige dieser Fragen sind unerheblich, wenn nicht sogar störend beim Hinterfragen, denn für die Metapher, die ohnehin eine ganz andere Bedeutung hat, spielen sie keine Rolle. Vermutlich kommt niemand auf die Idee, der eine solche Metapher hört, sich oder dem Gegenüber diese oder ähnliche Fragen zu stellen. Jeder der das Zitat kennt sollte sofort wissen, was damit gemeint ist. Zumindest wenn es im korrekten Kontext benutzt wird.

Tatsächlich ist die Herleitung des „Hasen im Pfeffer" einem Bratengericht zuzuschreiben. Ich selbst kenne „Pfeffer" vom häuslichen Schweine schlachten. Dort wurde eine dunkle Soße hergestellt, mit Schweineblut und Gewürzen unter anderem Pfeffer. Dazu gab es gekochtes Schweinefleisch und Kartoffeln. Die Soße bzw. das ganze Gericht wurde einfach „Pfeffer" genannt. So leite ich auch diesen Pfefferhasen ab.

Es ist ein Hasenbraten, der sich in dieser Pfeffersoße befindet. Und wenn der Hase so im Pfeffer zu liegen kommt, dann ist's vorbei, dann geht nix mehr. Keine Rettung mehr möglich. Höchstwahrscheinlich war diese Botschaft in der Vergangenheit Inhalt der Metapher. Im Laufe der Zeit hat sich die Bedeutung etwas gewandelt.

Die Ableitung „das ist der entscheidende Punkt der Angelegenheit" entstand im Laufe der Zeit möglicherweise aus der Offensichtlichkeit um einen höchst wichtigen Umstand bei einem Thema, dessen Gelingen oder Nicht-Gelingen zum Erfolg oder zum Misserfolg führt.

2.5 Metaphorische Zitate mit Tieren

Fisch schwimmt, **Vogel** fliegt, Mensch läuft.
(Emil Zatopek)

Wenn du Menschen **fischen** willst, so musst du dein Herz an die Angel stecken; dann beißen sie an.
(Gottfried Keller)

Angeln: ein großartiger Anschauungsunterricht für die Gleichheit der Menschen – vor den **Fischen** sind alle Menschen gleich.
(Anonym)

Die **Henne** ist das klügste Geschöpf im Tierreich. Sie gackert erst, wenn das Ei gelegt ist.
(Abraham Lincoln)

Hunde kommen wenn man sie ruft. **Katzen** nehmen deine Nachricht zur Kenntnis und kommen eventuell später darauf zurück.
(Mary Bly)

Der **Hund** denkt: sie füttern mich, sie pflegen mich, sie kümmern sich um mich… sie müssen Götter sein. Die **Katze** denkt: sie füttern mich, sie pflegen mich, sie kümmern sich um mich… ich muss ein Gott sein.
(unbekannt)

Die kalte Schnauze eines **Hundes** ist erfreulich warm gegen die Kaltschnäuzigkeit mancher Mitmenschen.
(Ernst R. Hauschka)

Mit einem kurzen Schweifwedeln kann ein **Hund** mehr Gefühle ausdrücken als mancher Mensch mit stundenlangem Gerede.
(Louis Armstrong)

Ein **Hund** wird sich an drei Tage Freundlichkeit drei Jahre lang erinnern, eine **Katze** wird drei Jahre Freundlichkeit nach drei Tagen vergessen.
(Sprichwort aus Japan)

Ich habe große Achtung vor der Menschenkenntnis meines **Hundes**, er ist schneller und gründlicher als ich.
(Fürst von Bismarck)

Humor und Geduld sind zwei **Kamele**, mit denen du durch jede Wüste kommst.
(Armenisches Sprichwort)

Die **Katze** ist das einzige vierbeinige Tier, das dem Menschen eingeredet hat, er müsse es erhalten, es brauche aber nichts dafür zu tun.
(Kurt Tucholsky)

Ob eine schwarze **Katze** Unglück bringt oder nicht, hängt davon ab, ob man ein Mensch ist oder eine Maus.
(unbekannt)

Eine **Katze**, die einen Kanarienvogel gefressen hat, kann darum noch nicht singen.
(Aldous Leonard Huxley)

Menschen stolpern nicht über Berge, sondern über **Maulwurf**shügel.
(Konfuzius)

Der einzige, der einen Ozelotpelz wirklich braucht, ist der **Ozelot**.
(Bernhard Grzimek)

Der Mensch soll lernen, nur die **Ochsen** büffeln.
(Erich Kästner)

Meine Sprache ist allzeit simpel, enge und plan. Wenn man einen **Ochsen** schlachten will, so schlägt man ihm gerade vor den Kopf.
(Georg Christoph Lichtenberg)

Pferdeverstand ist das, was **Pferde** davon abhält, auf künftiges Verhalten der Menschen zu wetten.
(Oscar Wilde)

Mit wem das **Pferd** nie durchgeht, der reitet einen hölzernen Gaul.
(Ch. F. Hebbel)

Zu spät! Ein Mensch zertritt die **Schnecke**,
achtlos, die Schnecke ist dagegen machtlos.
Zu spät erst kann sie, im Zerknacken,
den Menschen beim Gewissen packen.
(Eugen Roth)

Der Mensch ist ein **Säugetier**. Jeder saugt den anderen aus.
(Gerhard Uhlenbruck)

Ein Snob ist ein Mensch, der sich, ohne eine Miene zu verziehen, auf ein **Stachelschwein** setzt, nur weil man ihm gesagt hat, dass dies ein von Picasso entworfener Stuhl sei.
(Stirling Moss)

Tiere sind die besten Freunde. Sie stellen keine Fragen und kritisieren nicht.
(Mark Twain)

Man kann in die **Tiere** nichts hineinprügeln, aber man kann manches aus ihnen herausstreicheln.
(Astrid Lindgren)

Solange Menschen denken, dass **Tiere** nicht fühlen, müssen Tiere fühlen, dass Menschen nicht denken.
(Unbekannt)

Eine der blamabelsten Angelegenheiten der menschlichen Entwicklung ist es, dass das Wort **Tierschutz** überhaupt geschaffen werden musste.
(Theodor Heuss)

Männer: die schönsten und gefährlichsten Raubtiere der Welt. Ich liebe sie wie der Dompteur seine **Tiger** liebt.
(Eartha Kitt)

Ich bitte dich nicht, mich zu verschonen, wenn du in Not bist, sondern nur, wenn du frevelhafte Begierde hast. Töte mich, um zu essen, aber morde mich nicht, um besser zu essen.
(Cicero)

2.6 Tiere als Beziehungstypen

Tiere können in metaphorischen Vergleichen bzw. in solchen Geschichten nach verschiedenen Typen sortiert und somit in den Geschichten eingesetzt werden, weil sie durch Vorhandensein bestimmter Parameter und Eigenschaften besonders gut zum Transportieren der in der Metapher beinhalteten Botschaft geeignet sind. Darüber hinaus kann sich der Angesprochene, sofern dem Therapeuten der Typus bekannt ist, wesentlich einfacher mit dem Inhalt der Geschichte identifizieren, da er selbst dem Typ entspricht, welches das Tier in der Geschichte versinnbildlicht.

2.6.1 Ich-, Du-, Wir-Typen

Für eine Ich-bezogene Person, für die eine Metapher geschrieben werden soll, eignen sich tierische Einzelgänger wie z. B. Eisbär oder Tiger oder Wolf. So wird deutlich gemacht, dass die Person, die mit der Geschichte beschrieben wird, eine egoistische Neigung hat.

Beispiel-Metapher:
Ein Eisbär trieb auf einer Eisscholle vor sich her und dachte „Ach keiner mag mich leiden. Ich weiß auch nicht warum. Deshalb bin ich traurig." Da entdeckte er unweit seiner Scholle einen weiteren Eisbären am Festland. Er knurrte ihn an, fletschte die Zähne, reckte sich

und drohte. Schließlich war er hier der Platzbär dachte er sich.

Der Eisbär zu Lande knurrte ebenfalls und machte sich groß und wehrhaft. Die Scholle trieb weiter und nach einiger Zeit sinnierte der Eisbär erneut „Ich bin so allein. Keiner da mit dem ich mich austauschen kann, dabei hätte ich so gern Unterhaltung." Wieder Stunden später trieb der Eisbär mit seiner Scholle unweit des Festlandes vorbei und er entdeckte erneut einen anderen Eisbären. Abermals wollte er sich bedrohlich zeigen, nach kurzer Überlegung jedoch winkte er dem Eisbären am Ufer „Hallo! Seien Sie gegrüßt. Haben Sie etwas Zeit zum Unterhalten?" Der Eisbär an Land stutzte kurz, lachte dann und rief „Aber gern. Auf eine solche Gelegenheit habe ich schon gewartet." Der Eisbär sprang von der Scholle schwamm zu seinem Landsbär und sie unterhielten sich ausgiebig und prächtig bis in die Nacht hinein.

Für eine Du-bezogene Person ist beispielsweise ein Hund ein geeignetes tierisches Pendant. Hund und Herrchen bilden oft die gemeinsame Einheit. Hier kann innerhalb der Metapher die Eigenschaft genutzt werden, wenn im Problemkontext zwei Personen in einem Beziehungskonflikt stehen und hierfür eine Lösung angestrebt wird.

Beispiel-Metapher:
Ein junger Hund kam zu seinem neuen Herrchen und begrüßte es sofort laut bellend

und freundlich, mit wedelndem Schwanz stürmte er auf ihn zu. „Nein, nein" rief das neue Herrchen „Platz! Sitz! Hör auf!" und erschreckte damit den Hund, der sofort zurück-zuckte und sich winselnd klein machte. „So ist gut!" sagte das Herrchen. Dann trotteten sie ins Haus.

Am nächsten Tag wollte der Hund sein Herrchen wecken und eilte freudig ans Bett wo er das Herrchen wecken wollte. „Raus aus dem Schlafzimmer!" ärgerte sich das Herrchen und verwies den Hund des Zimmers. Traurig zog der Hund von dannen und legte sich auf seine Decke. So ging es Tag für Tag weiter, das Herrchen sorgte für eine strenge und ernste Erziehung damit der Hund lernen sollte, akkurat und brav zu sein und sich keinen Ausrutscher leisten sollte.

Der Hund stellte alsbald seine Freundlichkeit ein, musste er doch sehr aufmerksam sein was sein Herrchen von ihm wollte, und diese Befehle erfüllen. Die Jahre gingen ins Land, Hund und Herrchen wurden älter, die Befehle des Herrchens wurden immer mehr zu Wünschen und zu Bitten, und er sehnte sich danach seinen Hund zu streicheln, mit ihm zu kuscheln und ihn zu verwöhnen wo er ihm doch so lange treue Dienste geleistet hatte.

Diese Attribute jedoch waren dem Hund unbekannt und er verstand die Annäherungen seines Herrchens nicht. So schnappte er eines Tages in einem verschreckten Moment die Hand des Herrchens und verletzte ihn. Das Herrchen gab daraufhin den Hund in einem Tierheim ab und seufzte beim Hinausgehen „dabei wollte ich doch nur einen gehorsamen und lieben und sanften Haushund haben."

Für eine Wir-bezogene Person eignen sich team-orientierte Tiere wie z. B. Ameisen oder Bienen. Diese Eigenschaft kann Verwendung finden, wenn die Lösung in einem Team-Prozess angesprochen werden soll.

Beispiel-Metapher:
Wenn wir uns einen Bienenstock betrachten, schaut es so aus, als wäre dort ein heilloses Durcheinander von übereinander krabbelnden Insekten, und bei dem Wirrwarr wüsste keine Biene, was die andere tut. Dabei ist genau das Gegenteil der Fall. Jede Biene hat ihre eigene Aufgabe im Stock.

Es gibt Bienen, die den Stock bewachen, andere sorgen sich um die Aufzucht der Bienenlarven, andere sind für die Futterbesorgung zuständig. Finden die ausschwärmenden Bienen ein nahrungsreiches Feld, so teilen sie dies Ihren Kolleginnen nach Rückkehr in den Stock mittels des so genannten „Bienen-Tanzes" mit.

Sie geben damit sozusagen den Weg als lebendes Navigationsgerät preis. Damit wissen die anderen Bienen, wohin sie fliegen müssen, um für den Stock genügend Pollen zu finden, der alle ernährt. Damit sind Bienen ein hocheffizientes Volk mit intelligent organisiertem Teamwork.

2.6.2 Macher-, Fühler-, Denker-Typen

Der Macher-Typ ist proaktiv, er handelt aus eigenem Antrieb, geht womöglich Risiken ein oder übertritt Grenzen. Hier und da stößt er anderen vor den Kopf. Ein Tier das einen solchen Charakter ausstrahlt, ist z.B. der Hahn oder der Hirsch.

Beispiel-Metapher:
In einem riesigen Wald war er, unser Zwölf-Ender-Hirsch der stolze Führer eines großen Rudels von Rotwild. Er hatte mehrere Kühe und noch viel mehr Kälber in seiner Familie, und natürlich gab es viele Tanten, Onkels und sein übriges Volk. Er war allgemein anerkannt, wenn auch hier und da als kleiner Diktator betitelt.

Das wagte sich jedoch keiner offen auszusprechen. Denn im Laufe der Zeit hatte sich der Hirsch so häufig vor seine Gruppe gestellt, dass er gar nicht mehr im Blick hatte, was hinter ihm vorging. So entstanden einzelne Grüppchen; einerseits wollten viele es dem Hirschen recht machen, andererseits wollten sie auch ihren Vorteil hieraus erzielen.

Jeder dachte möglichst an sich selbst und wie er sich in den Vordergrund drängen konnte um dem Hirschen zu gefallen. Dem Hirschen gefiel es, wie er dachte, beliebt zu sein und gab mal dem einen mal dem anderen Recht. Und so geschah es, dass dem Hirschen im Laufe der Zeit die Dinge aus der Hand glitten. Aber er war doch der unumstrittene Herrscher der Gruppe, er musste doch alles ins Lot bringen. Er grübelte und überlegte, wem er welche Aufgabe übertragen konnte.

Konnte er seiner Truppe überhaupt vertrauen? Zu oft war er hintergangen worden, das fiel ihm nun wie Schuppen von den Augen. Er besann sich auf die Jahre zurück, wie er selbst bei seinem Vater gelernt hatte, sich zu behaupten, sich durchzusetzen und trotzdem ein guter Teamführer zu sein. Ein Chef der nicht Diktator sondern Leiter einer gut organisierten Einheit zu sein. So berief der Hirsch eine außerordentliche Sitzung ein, die er „die große Teamsitzung" nannte. Der Hirsch verteilte vertrauensvoll alle Aufgaben, er bedachte jeden mit einem Job, für den er ihn für geschaffen hielt. Sie sollten sich gegenseitig unterstützen. So schuf er wieder ein Team, ein echtes Rudel so wie früher. Alle schauten wieder zum Hirschen auf, dieses Mal jedoch nicht neidisch und intrigant sondern dankbar und als Team.

Der Fühler-Typ ist empathisch, hält sich zurück oder gar versteckt, geht Risiken aus dem Weg, ist schutzbedürftig. Ein tierisches Pendant ist hier beispielsweise das Reh (das „scheue Waldtier").

Beispiel-Metapher:
Ein Reh schlenderte durch den Wald, zupfte sich hier und da ein paar Blätter von Sträuchern und war gut gelaunt und zufrieden mit sich und seiner Welt. Eines Tages jedoch passierte ein Unglück: das Reh stolperte über ein Baumwurzel, die es übersehen hatte, kippte vornüber weg und verstauchte sich das rechte Bein. „Oh je" dachte das Reh. „Wenn ich nicht mehr laufen kann, können mich Fuchs und Wolf ganz leicht fangen. Da kann ich mich gleich zum Sterben hinlegen."

Gedacht, getan, das Reh zog sich in eine Nische zurück und legte sich traurig auf den Waldboden. Da kam eine Eule vorbeigeflogen und bemerkte dass das Reh unglücklich war. „Was hast Du denn, Reh?" fragte die Eule. „Ach" antwortete das Reh „ich habe ein verstauchtes Bein damit kann ich vor Fuchs und Wolf nicht mehr fliehen. Und wenn ich eh sterben muss kann ich das auch zurückgezogen tun ohne gefangen zu werden."

„Komm mal kurz mit ich zeige Dir was" forderte die Eule das Reh auf. Das Reh schnaufte kurz stand auf und folgte langsam der Eule. Diese führte das Reh zuerst an einen plätschernden kühlen Bach danach über eine nach Gras duftende Wiese und schließlich kamen sie zu einer wunderschönen mit weißen Strahlen durchfluteten Lichtung.

Den ganzen Weg bis dorthin hinkte das Reh zwar, jedoch war es hin und weg von all den schönen Dingen, die die Eule ihr zeigte. Und jetzt wo es auf der Lichtung stand, vergaß das Reh den schmerzenden Fuß beinahe. Die Eule sprach „Wenn Du Dich schon zurückziehen magst ist hier ein viel schönerer Ort."

„Och" antwortete das Reh „ein verstauchter Fuß mag mich ein wenig stören, nur ist das erstens bald wieder vorbei und zweitens gibt es so schöne Orte, die ich gesehen haben will." Und so unterhielten sich die beiden noch lange bevor das Reh einschlief und die Eule über es wachen konnte. Am nächsten Tag sprang das Reh schon wieder umher und freute sich weiter seines Daseins.

Der Denker-Typ ist häufig pragmatisch, analysiert Umstände, wägt Dinge ab, kann misstrauisch sein, der Denker kann auch Bedenken haben. Diese Eigenschaften könnten im Tierreich einer Eule zugeschrieben werden.

Beispiel-Metapher:
Ein Rabe flog durch den Wald, und durch eine kurze Unachtsamkeit blieb er mit dem linken Flügel an einem Ast hängen. Daraufhin stürzte der Rabe ab, und er verlor einige Federn an seinem Flügel. Nun ja gebrochen war nichts. So schwang er sich wieder in die Luft, wegen der fehlenden Federn sah sein Flug tolpatschig und unbeholfen aus.

Einige Tiere verspotteten den Raben „Du fliegst ja wie am ersten Tag" und „na schon mal mit Laufen oder schwimmen versucht?". Der Rabe schämte sich ob seiner gestutzten Flugkünste und verkroch sich in seinem Nest. Als es Nacht wurde dachte er sich „jetzt sieht mich keiner wenn ich fliege" und schwang sich in die Lüfte.

Er musste ganz angestrengt schauen damit er nicht gegen ein Hindernis stieß denn im Dunkeln konnte der Rabe nur mangelhaft sehen. Darüber hinaus war es für ihn sehr viel schwerer, Würmer und Käfer ausfindig zu machen, die doch seinen Lebensunterhalt bedeuteten. In den nächsten Wochen konnte sich der Rabe zwar etwas an die Dunkelheit gewöhnen, er magerte ab

Dafür jedoch so dachte er, verspotten mich die anderen Tiere nicht. Eines Nachts landete er gerade noch so auf einem dicken Ast, als er neben sich eine Eule bemerkte.

Der Rabe erschrak zunächst dann jedoch fragte er neugierig „Eule sag mir, fliegst Du auch so tolpatschig und unbeholfen wie ich, weil Du ebenfalls nachtaktiv bist?" „Nein" sagte die Eule „ich bin von der Natur für die nächtliche Jagd konzipiert. Wie sieht es mit Dir aus Rabe?"

„Nun ja" stammelte der Rabe „ich bin eigentlich ein Tagjäger, aber ich habe ein paar Federn verloren und kann nicht mehr so toll fliegen wie früher. Die anderen Waldtiere ärgern mich, und deshalb jage ich nachts, da sehen sie mich nicht." „Soso" meinte die Eule „und wegen der unsachlichen Meinung von ein paar Tieren, die selbst gar nicht fliegen können, machst Du Dir das Leben so schwer?" Da kam der Rabe ins Grübeln, und nach kurzer Zeit lächelte er die Eule an und rief ihr zu „Danke Eule Du hast mir geholfen" während er zu seinem Nest zurückkehrte. Am nächsten Morgen streckte sich der Rabe, begrüßte die Sonne und begann sein Tageswerk, das er zufrieden abends beendete. Die Verspottungen überhörte er und bald verstummten auch diese, hatten sie ja doch keinerlei Wirkung. So machte der Rabe aus seinem Handicap noch das Beste, was er tun konnte.

2.6.3 Vergangenheits-, Gegenwarts-, Zukunfts-Typen

Der Vergangenheits-Typ ist gefühlsbetont, erinnert sich gern, lebt zeitlich betrachtet „rückwärts" orientiert um Vergleiche anstellen zu können, was war früher anders als heute. Ein Tier mit gutem Gedächtnis erscheint hier angebracht, zu nennen ist als Beispiel der Elefant.

Beispiel-Metapher:
Wenn ein junger Arbeitselefant in Indien mit einem Strick an einen Holzpfahl gebunden wird, so wird er es, da er noch nicht so viel Kraft besitzt, nicht schaffen sich zu befreien. Er wird sich daher merken, dass es sinnlos ist, sich gegen die Fesselung zu wehren und sich so sehr daran gewöhnen, dass er auch später im Erwachsenenalter sich nicht befreit obwohl er es ganz leicht könnte. Er hat von früher gelernt, dass es nicht funktionieren wird, und trägt diese Erinnerung fort. Er. Auch für uns gibt es oftmals Grenzen die wir uns selbst stecken, oder die wir uns antrainiert, angewöhnt haben. Wir nehmen diese als gegeben hin, als wären Gewohnheiten angeboren. Glücklicherweise können solche An-Gewohnheiten auch wieder zu Ab-Gewohnheiten werden.

Der Gegenwarts-Typ lebt im hier und jetzt, für ihn ist die wichtigste Zeit genau die, in der er agiert. Devise: Gestern ist vorbei und morgen kommt erst noch. Ein Tier, das diese Eigenschaft symbolisiert ist z.B. die Eintagsfliege.

Beispiel-Metapher:
Wie der Name schon andeutet lebt die Eintagsfliege nur einen Tag. Somit werden alle Eindrücke, die sie am Lebensende gesammelt hat, ihre Landkarte, ihr vollständiges Wissen über die Welt sein. Wenn sie nun einen warmen Sommertag miterlebt hat, wird sie keinen Regen kennen. Nach ihrer Ansicht bräuchten die Häuser und Autos keine Dächer. Und wenn sie einen Regenschirm sähe würde sie sicher so überrascht sein wie wir, wenn wir schon vor 100 Jahren ein Smartphone hätten bestaunen können.

Der Zukunfts-Typ lebt zeitlich betrachtet nach vorne gerichtet, spart für später, legt sich Reserven an, sorgt vor. Der Hamster erscheint hier als idealer Kandidat, um diesen Typus zu vertreten.

Beispiel-Metapher:
„Dem Hamster der im Sommer fleißig war, kann der Winter nichts anhaben."

2.6.4 Wasser-, Land-, Luft-Typen

Bei Wasser-Typen gilt es zu unterscheiden, welches Merkmal herausgestellt werden soll. Gleichwohl gemeinsam ist diesem Typ, dass er mit Eleganz agiert und Ruhe ausstrahlt, er besitzt Anmut und beeindruckt oft mit Größe. Hier lässt sich sowohl Aggressivität als auch Sanftmut erkennen. Beispiele sind der Hai oder der Wal. In Verbindung mit dem Wir-Typ aus 2.6.1 kann ein sogar ein Fisch-Schwarm gemeint sein. Die Individualität geht zwar verloren, doch findet der Einzelne in der Gruppe Schutz.

Beispiel-Metapher:
Eine Walmutter schwamm mit ihrem Waljungen durch den Ozean. Das Waljunge beobachtete neugierig und aufmerksam die Umgebung und sah, wie ein ganzer Schwarm von Fischen von einigen Raubfischen angegriffen wurde. Scheinbar verhielt sich der Schwarm nahezu ruhig und schwamm seines Weges. In dem Moment jedoch, als ein Raubfisch in die Gruppe hervorstieß, sprang der Schwarm förmlich auseinander, um sogleich wieder zusammen zu finden.

Das wiederholte sich mehrere Male. „Warum fliegen die ganzen Fische denn nicht vor den Raubfischen?" fragte das Waljunge seine Mutter. Diese antwortete „Die Fische im Schwarm wissen, dass die nur in der

Gemeinschaft die beste Chance haben um zu überleben." „Wie soll das funktionieren Mutter? Wenn jeder Fisch in eine andere Richtung flieht können die Raubfische doch nur wenige erwischen."

„Das stimmt schon" sagte die Mutter „bedenke allerdings, dass der Schwarm ein großes Team ist. Jeder deckt den anderen. Durch den Schwarm werden die Raubfische vom einzelnen Fisch abgelenkt. So ist es schwieriger sich auf eine einzelne Beute zu konzentrieren. Damit schützt der Schwarm den einzelnen Fisch darin." „Aha Mutter" antwortete das Waljunge „aber wir sind nur zu zweit, wir sind kein Schwarm, was beschützt uns?"

Die Walmutter lächelte und sagte zu ihrem Jungen „alleine schon unsere Größe beschützt uns, und ich beschütze Dich, so wie Du später auch einmal Dein Junges beschützen wirst. Bei uns liegt die Kraft in Ruhe und Größe. Jeder Meeresbewohner hat seine Strategie um mit Herausforderungen umzugehen. Wir kennen unsere und damit leben wir." Gemächlich zogen beide weiter durch den Ozean und bald verloren sich ihre Schatten in den Tiefen des Meeres.

Der Land-Typ ist bodenständig, realistisch, nüchtern und sachlich. Beispiel der Löwe („König der Tiere")

Beispiel-Metapher:
Es war einmal ein Löwe, der in einer Wüste lebte, die ständig vom Wind durchweht war. Deshalb war das Wasser in den Wasserlöchern, aus denen er normalerweise trank, niemals ruhig und glatt; der Wind kräuselte die Oberfläche, und nichts spiegelte sich im Wasser. Eines Tages wanderte der Löwe in einen Wald, wo er jagte und spielte, bis er sich ziemlich müde und durstig fühlte.

Auf der Suche nach Wasser kam er zu einem Teich mit dem kühlsten (verlockendsten und angenehmsten) Wasser, das man sich überhaupt vorstellen kann. Löwen können - wie andere wilde Tiere auch - Wasser riechen, und der Geruch dieses Wassers war für ihn wie Ambrosia.

Der Löwe näherte sich dem Teich und streckte seinen Schädel übers Wasser, um zu trinken. Plötzlich sah er jedoch sein eigenes Spiegelbild und dachte, es sei ein anderer Löwe.

„Oh", sagte er zu sich, „das Wasser gehört wohl einem anderen Löwen, ich sollte vorsichtiger sein." Er zog sich zurück, aber der Durst trieb ihn wieder zum Wasser; und abermals sah er den Kopf eines furchterregenden Löwen, der ihn von der Wasseroberfläche her anstarrte.

Dieses Mal hoffte unser Löwe, er könne den „anderen Löwen" verjagen und riss sein Maul auf, um furchterregend zu brüllen. Aber als er gerade seine Zähne fletschte, riss natürlich auch der andere Löwe sein Maul auf, und der gefährliche Anblick erschreckte unseren Löwen. Und immer wieder zog sich der Löwe zurück und näherte sich dem Teich. Und immer wieder machte er dieselbe Erfahrung.

Nachdem einige Zeit vergangen war, wurde er aber so durstig und verzweifelt, dass er zu sich sagte: „Löwe hin, Löwe her, ich werde jetzt von diesem Wasser trinken." Und wahrlich, sobald er sein Gesicht in das Wasser taucht, war der „andere Löwe" auch schon verschwunden."
(Shah 1978)

Der Luft-Typ ist fantasievoll, überblickend, erhaben oder weise. Beispiele sind Adler („König der Lüfte") oder Uhu.

Beispiel-Metapher:
Ein Mann fing sich im Wald einen jungen Adler. Er nahm ihn mit nach Hause und steckte ihn zu seinen Hühnern in den Hühnerstall. Er gab ihm Hühnerfutter zu fressen, obwohl er doch ein Adler war, der König der Vögel, der König der Lüfte!

Nach fünf Jahren kam einmal ein anderer Mann zu Besuch, der verstand etwas von Naturkunde. Dem fiel der Adler auf und er sagte: "Der Vogel dort ist kein Huhn, sondern ein Adler." "Ja", sagte der Mann, "das stimmt. Aber ich habe ihn zu einem Huhn erzogen. Er ist jetzt kein Adler mehr, sondern ein Huhn." "Nein", sagte der andere, "er ist noch immer ein Adler, denn er hat das Herz eines Adlers und das wird ihn hoch hinauf fliegen lassen in die Lüfte".

"Nein, nein", sagte der Mann, "er ist jetzt ein richtiges Huhn geworden und wird niemals mehr wie ein Adler fliegen". Darauf beschlossen sie, eine Probe zu machen. Der vogelkundige Mann nahm den Adler, hob ihn in die Höhe und sagte beschwörend: "Der du ein Adler bist, der du dem Himmel gehörst und nicht dieser Erde, breite deine Schwingen aus und fliege!"

Der Adler auf der Hoch gestreckten Faust blickte sich um. Hinter sich sah er die Hühner nach ihren Körnern picken und er sprang zu ihnen hinunter und pickte mit ihnen.

Der naturkundige Mann gab aber noch nicht auf. Am nächsten Tag stieg er mit dem Adler am Arm auf das Dach des Hauses, hob ihn empor und sagte: "Adler, der du ein Adler bist, breite deine Schwingen aus und fliege!"

Aber als der Adler wieder die scharrenden Hühner im Hof erblickte, sprang er zu ihnen hinunter und scharrte mit. Da sagte der Mann: "Ich habe es dir ja gesagt, er ist ein Huhn und er bleibt ein Huhn." "Nein", sagte der andere, "Er ist ein Adler und er hat noch immer das Herz eines Adlers. Lass es uns noch ein einziges Mal versuchen. Morgen werde ich ihn fliegen lassen." Am nächsten Morgen ging er mit dem Adler vor die Stadt auf einen hohen Berg. Er hob den Adler empor und sagt zu ihm:

"Adler, du bist ein Adler. Du gehörst dem Himmel, nicht dieser Erde. Breite deine Schwingen aus und fliege!" Der Adler zitterte, aber er flog nicht. Da ließ ihn der naturkundige Mann direkt in die Sonne schauen und plötzlich breitete der Adler seine Schwingen aus, erhob sich mit dem Schrei eines Adlers in die Luft und kehrte nie wieder zurück.

2.7 Bedeutung von Tiereigenschaften und Umfeld

Bei der Selektion der verwendeten Tiere innerhalb einer Metapher sollte der Kontext natürlich beachtet werden. Hierbei gilt es, die sowohl unerwünschten Verhaltensweisen (= Problemkontext) in Tierform darzustellen, sofern dies die Problemstellung hergibt, in jedem Fall wird ein Tier mit positiver Konditionierung dieses Problemverhalten aufzulösen helfen. Um dem Klienten auf seiner Ebene zu begegnen, oder ihm in Bezug auf die Identifikation eine gute Plattform zu bieten, sollten die Protagonisten in der Geschichte adäquat gewählt sein. Hier lassen sich einige Plausibilitäten vor der Auswahl strukturieren.

2.7.1 Äußere Merkmale der Tiere

Soll das Tier groß oder klein sein? Wie bewegt es sich fort, ist es schnell oder langsam unterwegs? Soll es Kraft ausstrahlen oder schutzbedürftig wirken? Wie sieht es überhaupt aus, wie ist es beschaffen, also Fell oder Federn?

2.7.2 Umfeld und Lebensraum der Tiere

Soll es fliegen können, erdverbunden sein oder im Wasser leben? Ist es ein Wild- oder ein Haustier? Welche Region bewohnt es, wie ist dort die Temperatur?

2.7.3 Soziales Verhalten der Tiere
Lebt das Tier alleine oder in einem Herdenverbund? Wie kommuniziert es? Wie ist das Partnerverhalten? Ist es ein „friedlicher Pflanzenfresser" oder ein Jäger? Ist es eher aggressiv oder zurückhaltend anderen gegenüber? Tag- oder Nacht-aktiv?

2.7.4 Sonstiges Verhalten der Tiere
Welche Möglichkeiten der Verteidigungsstrategie hat das Tier? Ist es angriffslustig oder setzt eher ein Fluchtreflex ein? Kann dem Tier etwas beigebracht werden, kann es lernen und zahm werden oder nicht?

Als Beispiel nehmen wir ein **Pferd**. Ein Pferd ist relativ groß und strahlt Stolz und Kraft aus. Es kann schnell laufen und hat ein Fell, eine haarige Mähne sowie den Schweif. Ein Pferd ist erdverbunden und kann sowohl Wildtier als auch im weiten Sinne Haustier sein. Pferde sind tagesaktive Herdentiere, regulär sozial ausgeglichen und Pflanzenfresser, flüchten bei Gefahr und sind lernfähig. In der Analogie innerhalb einer Metapher sollten diese Werte Berücksichtigung finden, damit der Klient die Möglichkeit hat, auch seine Werte mit dem verwendeten Tier zu interpretieren.

Hund:
Der Begriff "Hund" wird in der Umgangssprache besonders häufig als so genannter Tierphraseologismus **verwendet.**

Der Begriff wurde bereits in Kapitel 1.3 erläutert. Er erhält in Verbindung mit einem Adjektiv oder in anderer Zusammensetzung mehr negative als positive Bedeutungen. Hier fällt auf, dass es zum Hund sehr viele Phraseologismen gibt.

- fauler, dummer, blöder, räudiger, linker, falscher, gemeiner, scharfer, gerissener **Hund** ☹
- dicker **Hund** (bedeutungsvolle Angelegenheit) 😐
- bunter **Hund** (oft in Verbindung: bekannt sein wie…) ☺
- kalter **Hund** (Nachspeise bestehend aus Schichten von Butterkeksen und Schokoladenmasse) 😐
- krummer **Hund** - Ganove/Dieb (mittelalterlicher Rechtsbrauch: Missetäter mussten zur Strafe einen **Hund** öffentlich herumtragen) ☹
- **hund**emüde sein – sehr müde sein 😐
- **hund**smiserabel - sehr schlecht ☹
- **hund**skalt – sehr kalt ☹
- **hund**sgemein - schäbig, niederträchtig ☹
- sich **hund**eelend fühlen – sich sehr schlecht fühlen ☹

- pudelwohl – sich sehr wohl fühlen ☺
- pudelnass – tropfnass ☹
- ein **Hund**eleben führen - ein elendes Dasein fristen ☹
- **Hund**ewetter – schlechtes Wetter ☹
- **Hund**efraß - schlechtes Essen ☹
- **Hund**esohn - niederträchtiger, gemeiner Typ ☹
- **Hunde** die bellen beißen nicht – wer lautstark poltert ist im Grunde harmlos ☹

Was wenn ein Hund Dein Vorbild wäre?

Es wäre möglich dass Du folgendes lernst:

- Sobald jemand, den Du gern hast, heim kommt, laufe ihm freudig entgegen

- Laufe, springe und spiele jeden Tag ein wenig

- Nicht beißen wenn es genügt zu knurren

- Wenn Dir jemand Aufmerksamkeit schenkt, erfreue dich daran

- Kommt jemand in Dein Revier gib ihm zu verstehen dass Du dies wahrgenommen hast

- Mach immer mal wieder ein Nickerchen und strecke Dich ausgiebig bevor Du aufstehst

- Egal wie häufig Du geschimpft wirst sei nicht beleidigt sondern versöhne Dich lieber

- Sei angstfrei bei der Berührung durch andere

- Wenn etwas an Dir haftet was Du nicht magst dann schüttle Dich bis es abfällt

- Sei genau das was Du bist und niemand anderes

- Wenn etwas was Du haben möchtest verbuddelt ist, grabe so lange nach, bis Du es findest

Kapitel 3 Der böse Wolf und GfK

3.1 Der böse Wolf

Rotkäppchen lügt! Eine Aktion der Umweltorganisation NABU aus dem Jahre 2013. NABU bezeichnet auf ihrer Homepage das Motto als „frech". Der 30. April wurde von NABU zum Tag des Wolfes deklariert. Am Berliner Hauptbahnhof fand ein Flash-Mob statt, zig rot-bekäppte Frauen und Männer mit lebensgroßen Wolfs-Attrappen erregten bei den Passanten große Aufmerksamkeit. **Worum ging es**? Der Wolf wird laut NABU zu Unrecht als menschenfressende Bestie definiert. Das Märchen von Rotkäppchen forciert dieses Gerücht allzu deutlich. Daher die kurze und prägnante Aussage der Aktion „Rotkäppchen lügt!". Es ist der metaphorisch tricky gewählten Aussage zugute zu halten, dass sie einfach gut wirkt und „im Ohr" bleibt. Dennoch soll nicht unerwähnt bleiben, dass Märchen selbst einen Inhalt transportieren, der mit der erzählten Geschichte ebenso nur den Rahmen darstellt. Ein unschuldiges Mädchen begegnet im Wald einem bösen Bewohner, erzählt freimütig, wo es hin geht und verschafft diesem Bewohner somit die Möglichkeit eines Überfalls. Ein guter Bewohner des Waldes (der Jäger) rettet letztlich die Situation. Die „Moral" von der Geschichte, die auch heute noch gilt: Kinder, seid aufmerksam und vorsichtig sogar misstrauisch, wenn Fremde Euch ansprechen.

Illustration: Michael Hüter

Ein Zitat aus der Fernseh-Serie **Stromberg** (mit dem Schauspieler Christoph-Maria Herbst): "Büro ist, wie unter lauter Haien zu schwimmen. Da brauchste nur einmal Nasenbluten zu kriegen, und schon ist Feierabend. Die warten ja nur alle darauf ... da kannst du jahrelang die Kuh gewesen sein, die den Karren vom Eis ... sobald du einmal bockst, sobald du einmal einbrichst im Eis, da sind die Haie gleich da ... Aber ich kann auch ein Hai sein! Ich bin der schwarze Hai unter den ganzen weißen hier. Äh, wie bei den Schafen, nur umgekehrt ..."

3.2 Gewaltfreie Kommunikation (GfK)

Wolf und Giraffe. Dr. Marshall B. Rosenberg entwickelte in den 60er Jahren das Konzept der Gewaltfreien Kommunikation (synonym = wertschätzende Kommunikation). Er benutzte die beiden Tiere **Wolf** und **Giraffe** als Metaphern für Verhaltensweisen von Menschen. Der Wolf steht dabei für angreifendes, bewertendes, forderndes, rechthaberisches Verhalten. Die Giraffe steht für empathisches, beobachtendes, bittendes, einfühlsames Verhalten.

Der Wolf richtet seine Aufmerksamkeit auf das, was mit uns oder den anderen vermeintlich nicht stimmt, hierdurch verschärfen sich Konflikte. Die Giraffe wirkt deeskalierend. Sie sucht nach Lösungen für beide Seiten.

Dabei geht es nicht nur alleine um die Sprache, mit denen Wolf und Giraffe sprechen, sondern auch um das Empfangen der Sprache, also mit Wolfsohren oder Giraffenohren hören. Wer mit Wolfsohren Gesagtes hört, tut dies entweder nach außen gerichtet auf den Gesprächspartner, oder nach innen gerichtet zu sich selbst.

Rosenberg benutzt in seinen Trainings häufig Handpuppen und/oder künstliche Ohren, die passend hochgehalten werden, um zu verdeutlichen, „wer" gerade spricht oder hört, Wolf oder Giraffe.

Der Wolf repräsentiert eine autoritäre Haltung dem anderen gegenüber, und arbeitet mit Bestrafung und Belohnung. Wenn wir unser Umfeld beobachten, entdecken wir sehr oft diese institutionelle Form in der Gesellschaft. Wir beschränken uns häufig auf unser unmittelbares soziales Milieu und wie wir darin am besten für uns „überleben".

Weit verbreitet in den Köpfen ist die Vorstellung, machtvoll zu sein, wenn wir Macht über andere haben, sei dies nun mental oder aktiv. Aus kultureller Sicht ist für uns die Wolfssprache dominant, wir werden damit geprägt.

Hierbei ist interessant zu wissen, dass wir nicht durch die Sprache dominiert werden, sondern dass die Sprache uns dominieren will, und wir durchaus die Möglichkeit haben, diese Angewohnheit positiv umzugestalten, so wie dies mit jeder Gewohnheit grundsätzlich machbar ist.

Rosenberg hat einen 4-Schritte-Plan erstellt, der uns von der Wolfs- zur Giraffensprache motiviert. Schritt 1 Beobachten. Eine bewertungsfreie Feststellung machen anstelle in der Aussage bereits meine Haltung dazu einzumischen. Beispiel: „Ich bemerke, dass Du 30 km/h über der vorgeschriebenen Geschwindigkeitsgrenze fährst." Hört das Gegenüber mit Wolfsohren, interpretiert es diese Wahrnehmung als Vorwurf „Du fährst zu schnell." Und mal ehrlich: wer von uns hätte dies nicht auch mit-gehört? Schritt 2 Fühlen. Sein Gefühl ausdrücken, ohne Interpretationsgefahr. Beispiel: „Ich fühle mich ängstlich." Das ist eine neutrale Aussage, natürlich trifft diese auf die Situation zu, in der ich gerade so empfinde. Schritt 3 Bedürfnis mitteilen. Eine Reaktion auf mein fehlendes

Bedürfnis, welches sich durch die Gefühle einstellt, die mich bewegen. Beispiel: „Ich brauche Sicherheit." Schritt 4 Genaue, forderungsfreie Bitten. Ich äußere eine Bitte in der ich konkret benenne, was ich möchte. Beispiel „Würdest Du bitte die Geschwindigkeit um 20 km/h reduzieren?" Dem Gegenüber ist nun die Möglichkeit zur Wahl gegeben, ob er der Bitte entspricht oder nicht.

Ich habe über diese vier Schritte die Aussage gelesen „Sie sind einfach, aber nicht leicht." Das Modell erscheint auch gut nachvollziehbar, die vier Schritte sind überschaubar und relativ begreiflich: Beobachten, Fühlen, Bedürfnis nennen, Bitte formulieren. Rosenberg selbst hat einen simplen Satz entwickelt, der das Merken einfacher machen soll: **„Wenn ich *a* sehe, dann fühle ich *b*, weil ich *c* brauche. Deshalb möchte ich jetzt gerne *d*."**

Trotz dieser Anleitung finden wir uns häufig wieder in den Denkprozessen und Sprachmustern wieder, die wir uns jahrzehntelang „antrainiert" haben, und zwar im Wolfshören und Wolfssprechen. Daher könnte der erste Schritt sein, um zur Giraffe zu werden, beim Hören anzufangen. Bewerte ich Gesagtes und in welche Richtung bewerte ich? Was höre ich wenn ich die Bewertung weg-filtere? Ich erinnere mich an die allererste praktische Übung im NLP-Practitioner zurück.

Zwei von uns sollten zwei andere sich unterhaltende Personen beobachten und in den ersten fünf Minuten wertungsfreie Notizen machen. Lehnt sich im Stuhl zurück. Beugt sich vor. Faltet die Hände. Streicht sich durchs Haar. Verschränkt die Arme.

In den nächsten fünf Minuten sollten wir das Verhalten der Personen interpretieren. Was könnte hinter der Beobachtung stecken? Da waren die verschränkten Arme plötzlich ein Zeichen von Ablehnung, das Zurücklehnen wurde als Langeweile definiert, das Vorbeugen wiederum Anzeichen für Interesse.

Wie sehr wir uns gerade hier verschätzten, kam beim nachfolgenden Feedback-Gespräch ans Licht.

Es war das einfach erscheinende Thema „Wahrnehmung". Wolf und Giraffe verdeutlichen dieses Thema noch einmal sehr eindrucksvoll und durch die Tier-Metaphern-Verwendung auch sehr anschaulich.

4. Tiere in Märchen – Eine Analyse

Die Geschichte in Fabeln und Märchen
Sowohl in Fabeln als auch in Märchen kommen Tiere als Darsteller, oft als Hauptdarsteller daher. Es gibt allerdings einen prägnanten Unterschied: in Fabeln treten keine Menschen auf. In Märchen wiederum kommen sowohl Tiere als auch Menschen als Protagonisten vor.

Die nachstehenden Märchen sind in Kurzform inhaltlich wiedergegeben, danach folgt eine Analyse und der belehrende Teil der Geschichte wird dargelegt.

Die Analyse schließt ab mit einer „Core-Analogie". Um hier Verständnis zu erzeugen, nachstehend eine Erläuterung was damit gemeint ist. Das Format „Core" (= Kern) geht auf die tiefste Ebene dessen, was unsere Teile für uns erreichen wollen. Teile bezeichnen hierbei die Bereiche in uns, die für bestimmte Themen zuständig sind wie z.B. Gutherzigkeit, Ökonomie, Harmoniebedürftigkeit. Es ist quasi das „Höchste der Gefühle" danach kommt nichts mehr, und wenn, dann sind es lediglich nähere Beschreibungen des Core-Gefühls.

Es gibt fünf Core-Zustände: Ruhen im Sein, Innerer Friede, Liebe, OK-sein und Eins-sein. Es sind Zustände ohne Bedingungen wie „ich fühle Liebe, weil..." sondern das Gefühl ist einfach da. Mit der Core-Analogie schreibe ich dem Märchen also das Gefühl zu, was die Handelnden als tiefstes Gefühl erreichen wollen.

4.1 Die Bremer Stadtmusikanten (Gebr. Grimm)

Der Esel ist alt und arbeitsmüde da will der Bauer ihn loswerden. Der Esel flüchtet und findet auf dem Weg nach Bremen wo er Stadtmusikant werden will, einen alten Hund. Dieser schließt sich dem Esel an, und sie finden eine alt gewordene Katze, die ersäuft werden sollte, weil sie die Mäuse nicht mehr fangen kann.

Zuletzt finden sie einen Hahn vor der aus vollem Hals kräht. Er sei bestimmt zu sterben damit die Familie sonntags einen Braten hat. Kernaussage des Esels zum Hahn: „Etwas Besseres als den Tod findest du überall." Die vier machen sich gemeinsam auf den Weg und übernachten im Wald. Der Hahn sichtet ein Haus und alle machen sich dorthin auf. Durch das Fenster entdecken sie einen gedeckten Tisch alle haben Hunger, und dort sind Räuber versammelt.

Nun haben die vier die Idee die Räuber zu vertrieben und so springt der Hund auf den Esel, die Katze auf den Hund und zuletzt flattert der Hahn auf die Katze. So gerüstet i-aht der Esel, bellt der Hund, faucht die Katze und kräht der Hahn lauthals und sie stürmen zusätzlich die Stube durch das Fenster. Die Räuber werden fast zu Tode erschreckt aus dem Haus gejagt.

Nun lassen sich die Tiere die Mahlzeit munden und gehen schlafen. Der Esel legt sich auf den Mist, der Hund hinter die Tür die Katze an den Ofen, der Hahn flattert auf den Balken. Die Räuber kommen zur Besinnung und schicken einen von ihnen zum Haus.

Der Räuber zündet ein Streichholz an und die Augen der Katze spiegeln sich. Sie faucht und kratzt den Räuber im Gesicht, dieser stolpert an der Tür über den Hund, der ihn sogleich beißt. Der Esel verpasst ihm noch einen ordentlichen Tritt und der Hahn kräht dazu. Der Bericht des Räubers, dort seien eine böse Hexe (Katze), ein Mann mit Messer (Hund) und ein Kerl mit einem Knüppel (Esel), dazu ein Richter auf dem Dach (Hahn) der gerufen habe „Bringt mir den Kerl her."

Die Räuber trauen sich nicht mehr ins Haus und die Tiere haben fortan ihre Ruhe und bleiben dort.

- **Analyse**: Zunächst werden die alten und vermeintlich unnützen verbrauchten Tiere der Reihe nach aufgeführt und sie überzeugen sich gegenseitig zu einem gemeinsamen Ziel. Der Esel tritt hierbei als Zielführer hervor, um den anderen Tieren eine Perspektive zu bieten und dem sinnlosen Trübsal blasen oder gar dem Ende durch den Tod entgegen zu treten. Mitten auf dem Weg in ein neues Leben ergibt sich plötzlich eine neuerliche Wendung durch die Chance, ein Räubernest zu besetzen. Dadurch wird zweierlei erreicht: die Räuber werden vertrieben und die Tiere bekommen ein neues Zuhause. Es wird also ein negativer Zustand durch einen positiven Aspekt ersetzt.

Die Räuber unternehmen noch einen Versuch, ihre Hütte zurück zu gewinnen. Durch die verzerrte Wahrnehmung des Räubers, der zum Nachschauen geschickt wurde, nimmt er an, es seien Menschengestalten gewesen, die ihn durch die ihnen jeweils eigenen tierischen Eigenschaften zur Verfügung stehenden Mittel aus eigenen Kräften heraus aus dem Haus verjagten.

Demzufolge sind die Räuber dauerhaft abgesetzt und keine Gefahr mehr. Die Tiere haben nun ohne je Stadtmusikanten zu werden, ihre neue Heimat gefunden und sind am Ende des Märchens glücklich und zufrieden. Das zu Beginn gesetzte Ziel wird zwar nicht erreicht, jedoch werden die Werte, die hinter dem ersten Ziel stehen, auch durch das jetzt Erreichte erfüllt. Dies sind Sicherheit, Zufriedenheit und Teamgeist. Core-Analogie = Innerer Friede.

  o Der **belehrende Teil** dieser Geschichte: Das einzelne, scheinbar wertlose Geschöpf wird innerhalb eines Teams zu einem wichtigen Bestandteil durch ihre eigenen besonderen Fähigkeiten, die das Team weiterbringen. Sie bleiben widerstandsfähig bei Gefahr und bilden eine soziale Einheit.

Illustration: Michael Hüter

4.2 Vom Fischer und seiner Frau (Gebr. Grimm)

Der arme Fischer angelt am See und fängt einen Butt. Dieser stellt sich als verwunschener Prinz vor und wird vom Fischer freigelassen. In seiner Fischerhütte zurück wirft ihm seine Frau vor, er hätte sich etwas wünschen können.

Vom Mann gefragt wünscht sie sich ein größeres Haus. Der Mann geht zum See ruft den Butt und dieser erfüllt den Wunsch. „Geh nur, sie hat das Haus schon."

Nach einiger Zeit ist die Frau mit dem Haus nicht mehr zufrieden und will ein Schloss. Erneut geht der Mann zum See und der Wunsch wird erfüllt. Dies wiederholt sich mehrere Male: die Frau will einen Palast, König werden, Kaiser sein und zuletzt will sie wie Gott sein. Mit diesem Wunsch geht der Mann zum See und übermittelt ihn. Der Butt sagt „Geh nur, sie sitzt schon wieder in der Fischerhütte."

Analyse: Der Fischer wird als bescheidener, gutmütiger, genügsamer und braver Mann dargestellt. Im Lauf des Märchens tritt er stets als Vermittler zwischen dem Butt und seiner Frau auf. Der Butt steht als Synonym für die Möglichkeit Wünsche zu erfüllen. Ähnliches ist immer wieder in Geschichten und Märchen wieder-erkennbar, zum Beispiel der Geist in der Flasche oder Der Froschkönig. Es gibt einen oder mehrere Wünsche. Zumeist werden die ersten zwei (bei drei Wünschen) für Unsinniges verschleudert, damit der Protagonist lernt, sich auf wesentliches zu konzentrieren. Der Fischer versucht dabei, die Gier seiner Frau nach immer mehr Macht und Reichtum abzumildern, die Frau jedoch setzt sich jedes Mal durch.

Die Frau wird als keifende Gattin dargestellt, die mit nichts zufrieden zu stellen ist. So steigert sie sich immer weiter, bis zu dem Punkt, zu dem sie Gott-gleich sein will. Hier folgt die überraschende Wendung und auch direkt das Ende des Märchens.

Um Gott-gleich zu sein reicht es nach Ansicht des Schreibers aus, in einer schlichten Fischerhütte zu leben. Gott ist letztlich ein bescheidener Mann aus dem Volk jemand wie „Du und ich", jemand der arm ist weil er lieber anderen gibt denn nimmt. Das hat die Frau wohl nicht bedacht sondern Gott als höchste Macht personifiziert.

Der **belehrende Teil** dieser Geschichte: Konzentration auf das Wesentliche im Leben, und sich mit seinem Stand zufrieden geben. Das Streben nach Materiellem und Macht führt zu einem übersteigerten Appetit, der ungesund ist. Wer die Spitze des Seins erreichen will, ist womöglich schon genau dort angekommen. Core-Analogie = Ruhen im Sein.

4.3 Der gestiefelte Kater (Gebr. Grimm)
Drei Brüder erben vom gestorbenen Vater jeweils eine Mühle, einen Esel und einen vermeintlich wertlosen Kater. Der Kater überzeugt den jüngsten Bruder er solle sich anstelle von Fellhandschuhen fertigen zu lassen, ihm ein Paar Stiefel zu kaufen.

Aus Dankbarkeit jagt der Kater einen Sack Rebhühner, die er dem König verkauft. Ihm erzählt er, sein Herr sei ein Graf. Bei einem gemeinsamen Badeausflug stiehlt der Kater die Kleider seines Herrn, damit er vom König neu ausgestattet wird.

Bei einer Einladung zu einer Rundfahrt eilt der Kater vorweg und sagt den Bauern wenn des Königs Kutsche vorbei fährt und der König fragt wem dies alles gehört, sollen sie sagen „dem Grafen". So wiederholt sich diese Vorwegnahme an einem See und einem Wald.

Am Ende des Waldes steht ein Schloss und darin wohnt ein mächtiger Zauberer. Der Kater wettet mit dem Zauberer er sei nicht so mächtig um sich in einen Elefanten zu verwandeln, was dieser jedoch natürlich schafft. Dann wettet der Kater es sei dem Zauberer unmöglich sich in einen Esel zu verwandeln. Auch das funktioniert.

Nachdem er den Zauberer überlistet hat sich in eine Maus zu verwandeln, fängt der Kater die Maus und frisst sie auf. Als der junge Mann mit dem König und Königstochter am Schloss ankommt, sitzt dort bereits der Kater und verkündet das Schloss gehöre seinem Herrn, dem Grafen.

Der Sohn ist dadurch in den Augen des Königs ein reicher Adliger, und der Sohn heiratet die Königstochter.

Analyse: Während die ersten Söhne noch ein sinnvolles Erbe mit einem materiell messbaren Wert erhalten, bekommt der dritte Sohn den scheinbar wertlosen Kater. Hier wird eine Analogie zum Märchen „Vom Fischer und seiner Frau" erkennbar, da der gutherzige Sohn den Kater nicht tötet sondern ihn leben lässt. Es gibt dann zwar keine Wünsche, aber das Märchen erfährt hierdurch erst seinen Ursprung. Der Sohn lässt sich sogar noch dazu überreden, dem Kater ein Paar Stiefel zu kaufen. Nun nimmt der Kater die Geschichte in seine Pfoten. Er ist als listiger und pfiffiger Geselle in der Lage, jede Situation für den Sohn in einen positiven Rahmen umzugestalten. Da ist zunächst die Idee, die Kleider beim Bad zu entfernen, damit der vorbei kommende König ihn neu ausstattet.

Durch die vorherige Information, der Sohn sei ein Graf, erhält er die standesgemäße Bekleidung. Danach manipuliert er die Menschen auf seinem Weg vorauseilend, sie mögen dem König erzählen, die Ländereien gehören dem Grafen. Der König wird hierdurch immer mehr beeindruckt da er glaubt, was er hört und sieht. Im Kontext sind diese Eindrücke auch stets schlüssig und nachvollziehbar und unzweifelhaft. Das begünstigt den Verlauf der Geschichte. Am Schloss angekommen überlistet der Kater den Zauberer geschickt und somit ist erneut Platz für ein weiteres Attribut, welches alle vorherigen Aussagen über den Grafen stützen. Letztlich so überzeugt überlässt der König dem Grafen seine Tochter und sie werden ein glückliches Paar. Durch das intelligente Agieren des Katers hat der Sohn mehr gewonnen als seine Brüder zusammen. Core-Analogie = Liebe.

- Der **belehrende Teil** dieser Geschichte: die scheinbare Ungerechtigkeit des Erbteils wird erörtert, das Vertrauen des Sohns in das Schicksal sowie die Dankbarkeit des Katers, der nicht getötet wird, und zuletzt wird dargestellt, dass der vermeintlich schlechter Gestellte schließlich zu einem wohlhabenden Mann gemacht wird. Die richtigen Entscheidungen führen demzufolge zu einem glücklichen Ende.

Illustration: Michael Hüter

4.4 Das hässliche Entlein (H.-Ch. Andersen)

Eine Entenmutter brütet sechs Entlein aus. Das siebte Ei ist größer als die anderen und es dauert ein wenig länger bis daraus ein graues Küken schlüpft. Die Entlein lernen schnell, während das siebte tollpatschig und unbeholfen wirkt, zudem ist es im Vergleich zu den Entlein hässlich. Die Tiere verspotten das Küken, keines will mit ihm spielen.

Traurig läuft das Küken davon und erhält keine Antwort von den Tieren die es fragt warum es so hässlich ist. Es wird von einer Bäuerin gefangen für eine Gans gehalten und soll Eier legen, was jedoch nicht gelingt.

Eines Tages kann es fliehen und verirrt sich im Schnee. Dort wird es von einem Bauern gefunden und aufgepäppelt. Im Frühjahr wird das Küken an einem See wieder ausgesetzt und beobachtet die dort lebenden schönen Schwäne, und wünscht sich, es könne auch so schön sein.

Als es im See sein Spiegelbild sieht, erkennt das Küken, dass es zwischenzeitlich zu einem erwachsenen wunderschönen Schwan geworden ist, und fliegt mit seinen Artgenossen davon. Und er ist der schönste von allen.

Analyse: Das siebte Küken führt seit dem Schlüpfen ein Außenseiter-Dasein. Nichts gelingt ihm so gut wie den anderen Küken. Die anderen stützen diese Annahme mit ihrem Hohn und Spott dem Küken gegenüber. Das Küken fällt dadurch auf, dass seine Eigenwahrnehmung praktisch nur aus der Wahrnehmung und Äußerung der anderen besteht.

Es nimmt die Dinge als gegeben hin. Im späteren Verlauf erkennen wir durch das Weglaufen auch ein sich-selbst-Entfernen wollen. Weg von den negativen Einflüssen sucht das Küken andere, die es trösten oder ihm helfen sollen, ohne Erfolg. Im Gegenteil wird es noch gefangen und soll wiederum das tun, was andere von ihm glauben dass es tun können soll. Hier fällt auf, dass nur Anforderungen von außen auf das Küken einwirken.

Ein Hinterfragen findet bis zum Ende der Geschichte nicht statt. Sie hat von sich aus ein Happy-End. Das Küken, nun doch durch einen gutmütig Familie durch den Winter gebracht, sieht sich dann im Wasser und erkennt schlagartig, dass es ein Schwan ist.

Diese neue Wahrnehmung, sich quasi ein Spiegelbild vor Augen zu führen (durch das spiegeln im Wasser beschrieben) ist die wahrhafte Selbsterkenntnis dieses Märchens. Wie Phönix aus der Asche ersteht aus dem unerwünschten Entlein ein herrlicher Neubeginn durch Wandlung in einen Schwan.

Dabei hat sich gar nichts verwandelt, sondern es sollte von Beginn an so sein. Das Küken wurde in einem herausfordernden Umfeld geboren. Core-Analogie: OK-sein.
Der **belehrende Teil** dieser Geschichte: Glaube an Dich auch wenn andere dein Verhalten nicht verstehen. Manche können, manche wollen das nicht verstehen. Sei Du selbst und mache das beste daraus.

Illustration: Michael Hüter

4.5 Der Wolf und die sieben Geißlein

Die Mutter der sieben Geißlein muss das Haus verlassen. Vorher ermahnt sie ihre Kinder, niemanden ins Haus zu lassen. Nachdem sie weg ist, kommt auch schon der Wolf und will ins Haus. Die Zicklein erkennen den Wolf an der tiefen Stimme und lassen ihn nicht herein. Daraufhin frisst der Wolf Kreide um seine Stimme zarter zu machen.

Doch seine schwarze Pfote auf dem Fenstersims verrät ihn erneut. So lässt er sich vom Bäcker Teig auf die Pfote streichen und mit Mehl bestäuben. Derart getäuscht öffnen nun die Geißlein die Tür, der Wolf stürmt herein und frisst sechs der sieben Geißlein. Eines kann sich in der Standuhr verstecken.

Nach Rückkehr der Mutter berichtet das Zicklein über den Vorfall. Die Mutter sieht den Wolf im Felde liegen und ruhen. Sie holt ihr Nähzeug und schneidet dem Wolf den Bauch auf, wo alle sechs Geißlein noch lebend herausspringen. Sie füllen den Bauch des Wolfs mit Steinen.

Als der Wolf aufwacht und zum Brunnen geht um seinen Durst zu stillen, wird er von der Last der Steine in den Brunnen gezogen und ertrinkt.

Analyse: Die Mutter überlässt ihren Kindern die Verantwortung für sich selbst. Sie sollen sich eigenständig vor dem Bösen schützen, und gibt hierzu die Mahnung aus. Der Wolf versucht sein Glück, um an die Zicklein heranzukommen.

Er scheitert zweimal an der Aufmerksamkeit Talent der Zicklein und täuscht diese dann doch mit seinem Improvisations-Talent. Somit hat er vermeintlich den Sieg davon getragen.

Durch den glücklichen Zufall, dass sich eins der Zicklein versteckt hat, endet es für den Wolf nun doch letztlich tragisch. Das Böse hat somit trotz zwischenzeitlicher Siegesgewissheit das Nachsehen. Core-Analogie = Liebe.
Der **belehrende Teil** dieser Geschichte: Gemeinsamkeit macht stark. Wenn einer auf den anderen achtet, können auch bedrohliche Umstände letztlich bestanden werden.

Illustration: Michael Hüter

4.6 Die drei kleinen Schweinchen

Jedes der drei Schweinchen wohnen in einem separaten Haus, welches sie selbst gefertigt haben, eines aus Stroh, das nächste aus Holz, das letzte aus Stein gebaut.

Die Schweinchen werden nacheinander vom Wolf bedroht, der sowohl das Strohhaus als auch das Holzhaus umpusten kann. Im Originalmärchen werden die ersten zwei Schweinchen Opfer des Wolfs.

Das Steinhaus kann er nicht umpusten und will durch den Schornstein ins Haus. Das dritte Schweinchen bemerkt dies und stellt einen großen Topf mit kochendem Wasser unter den Schornstein, und in diesem Topf verbrüht der Wolf, das Schweinchen ist gerettet.
Analyse: Hier werden drei Ergebnisse aus verschiedenen Lebensmotivationen auf die Probe gestellt. Das anscheinend arbeitsfaulste Schweinchen mit dem Strohhaus erlebt die erste Blamage, da die Probe (= der Wolf) zu seinen Ungunsten ausgeht. Das Schweinchen, welches immerhin eine bessere Arbeit abgeliefert hat als das erste, besteht die Probe ebenfalls nicht.

Das heißt auch wer sich darin wähnt, besser zu sein als andere, kann nicht davon ausgehen, dass besser auch gut bedeutet.

Das zweite Schweinchen hat sich lediglich am ersten orientiert. Das Ergebnis spricht gegen eine solche Orientierung.

Das dritte Schweinchen hat ordentliche und robuste Arbeit abgeliefert. Sicher hat es am längsten gebraucht, dafür liefert diese Mühe nun den Lohn der Arbeit, nämlich das Bestehen der Probe, so fest der Wolf auch blies. Nun will der Wolf eine Lücke ausnutzen und der Test wird angepasst um dennoch Erfolg zu generieren.

Das Schweinchen jedoch, anscheinend nicht nur fleißig sondern auch clever, lässt diesen Test ebenfalls scheitern, und zwar final für den Wolf. Das Problem ist daher beseitigt, die Probe endgültig bestanden. Core-Analogie = Ruhen im Sein.
Der **belehrende Teil** dieser Geschichte: Fleiß und harte, gründliche Arbeit zahlen sich aus, während Bequemlichkeit und leichtlebige Unbeschwertheit Probleme schaffen.

4.7 Der Hase und der Igel (Gebr. Grimm) - übrigens ist Buxtehude als Ort dieses Geschehnisses bekannt

Der Igel geht spazieren um im Felde nach dem rechten zu schauen. Er trifft den überheblichen Hasen und sein freundlicher Gruß bleibt unbeantwortet. Nach einem eskalierenden Disput über des Igels krumme kurze Beine schließen die beiden auf Wunsch des Igels eine Wette ab. Sie wollen im Felde um die Wette laufen.

Der Hase ist von seinem Können absolut überzeugt. Der Igel holt seine Frau und weiht diese in seine List ein. Sie wartet am Ende der Furche, in der der Igel läuft. Der Hase rennt los und am Ende der Laufstrecke steht bereits die Frau des Igels und ruft „ich bin schon da".

Der Hase erkennt die List nicht, sieht doch die Frau des Igels genauso aus wie der Igelmann. Der Hase fordert den Igel erneut heraus. Der Wettlauf erstreckt sich über 73 Runden, in der 74. Runde kommt der Hase tot zum Erliegen auf halber Laufstrecke. Der Igel nimmt sich den ausgelobten Wetteinsatz und spaziert mit seiner Frau nach Hause.
Analyse: Der Hase maßt sich an, ein besserer Typ zu sein als der Igel. Er nimmt den Igel nicht ernst, er hat sogar nur Spott für ihn übrig. Bei der Wette ist er sich des Sieges gewiss. Der Igel wiederum ist intelligent und hat einen Plan, um den Hasen zu überlisten, was ihm auch gelingt. Der Hase, in seiner Überheblichkeit gefangen, fordert den Sieg mit aller Gewalt heraus. Diese Gewalt bringt ihn schließlich selbst um. Core-Analogie = OK-sein.

Der **belehrende Teil** dieser Geschichte: Keiner sollte so arrogant sein, und sich über einen vermeintlich „kleinen Mann" lustig machen. Solche Impertinenz gegenüber anderen ist zu vermeiden. Zudem lässt sich ableiten, dass es gut ist, bei einer Heirat ein Gegenüber „seines Standes" zu wählen, das bringt Vorteile.

4.7 Der Zaunkönig (Gebr. Grimm)
Die Vögel wollen sich einen König auswählen. Der soll König sein der am höchsten aufsteigen kann. Mit dem Adler kann es keiner aufnehmen und als dieser das bemerkt, steigt er wieder herab.

Da fliegt ein kleiner namenloser Vogel auf und ruft „König bin ich! König bin ich!" doch die anderen erkennen diese List nicht an. Derjenige soll König sein, der am tiefsten in die Erde fallen kann. Der Vogel sucht sich ein Mauseloch und steigt hinab.

Die anderen wollen ihn aushungern und setzen die Eule vor das Loch um eine Flucht zu verhindern. Sie wacht stets mit einem Auge, vergisst jedoch irgendwann beim Schließen das andere Auge aufzumachen. Daraufhin entwischt der Vogel. Seitdem verabscheuen Vögel die Eule, und sie wiederum Mäuse, und der Zaunkönig drückt sich in Zäunen herum.

Analyse: Diese Geschichte will erklären, wie es zum Status des zuletzt genannten Satzes gekommen ist. Der vorwitzige Zaunkönig will sich in den Vordergrund drängen. Der Kleine will groß sein und versucht sich gegen alle anderen durchzusetzen. Dies misslingt jedoch da sich diese nicht auf diesen Reinfall einlassen.

Sie drehen den Spieß um und nehmen den Zaunkönig gefangen, damit er keinen Schaden mehr anrichten kann. Als Wächter ist die Eule vorgesehen, die allgemein bekannt ein aufmerksames Nachttier ist. Die Situation wird verpatzt, der Vogel kann entwischen.

Da der letzte Aufenthaltsort ein Mauseloch war, wird daraus nun dreierlei Konsequenz abgeleitet: Vögel hassen Eulen (durch das Entwischen des Zaunkönigs verursacht), Eulen hassen Mäuse (durch das Mauseloch) und der Zaunkönig verdankt seinen Namen nun letztlich seinem bevorzugten Aufenthaltsort und Versteck. Core-Analogie = OK-sein.
Der **belehrende Teil** dieser Geschichte: Aufmüpfiges Verhalten wird bestraft, wer aufsässig ist, kommt damit nicht weit.

4.8 Der Wolf und der Fuchs

Der Wolf dominiert den schwächeren Fuchs. Der Wolf befiehlt dem Fuchs ihm Essen zu besorgen. Der Fuchs besorgt ihm ein Lamm und geht. Der Wolf hat mehr Hunger und versucht selbst ein Lamm zu reißen. Er ist jedoch so ungeschickt dass er von den Bauern in die Flucht geschlagen wird. Der Wolf behauptet vom Fuchs er hätte ihn, den Wolf reingelegt. Kernaussage des Fuchses „Warum bist Du so ein Nimmersatt?"

Tags drauf soll der Fuchs für den Wolf Pfannkuchen besorgen. Der Fuchs tut es, erneut will der Wolf mehr und versucht selbst an Pfannkuchen heran zu kommen. Wiederum ist er so ungeschickt dass er von der Bäuerin geschlagen wird. Am nächsten Tag springen beide durch eine Luke in eine Metzgerei

Der Wolf schlägt sich den Bauch voll, der Fuchs frisst wenig und schaut zu dass er noch durch die Luke passt. Als plötzlich der Metzger kommt, flüchtet der Fuchs durch die Luke. Der Wolf jedoch bleibt stecken und wird vom Metzger totgeschlagen.
Analyse: Der Wolf ist offensichtlich unfähig und zu faul, mit eigener Intelligenz seinen Hunger zu befriedigen. Für sein Verlangen befiehlt er den vermeintlich Schwächeren. Seine Besessenheit führt in der Metzgerei dazu, dass er eine mögliche Gefahrenquelle nicht einmal wahrnimmt.

Der Fuchs ist schlau genug, sein Umfeld genau zu beobachten und nach der Vorbereitung die richtigen Entscheidungen zu treffen. Gleichzeitig wird er hiermit von der Dominanz des Wolfs befreit. Dieser bezahlt seine Begierde mit dem Leben. Core-Analogie = Innerer Friede.
Der **belehrende Teil** dieser Geschichte: Ungezügelte Völlerei und Gier sind schlechte Wegbegleiter im Leben. Bescheidenheit und Schläue sind dagegen viel besser, um sich in kritischen Situationen zu retten.

4.9 Der Froschkönig (Gebr. Grimm)

Die Königstochter spielt aus Langeweile mit ihrer goldenen Kugel am Brunnen. Plötzlich fällt die Kugel dort hinein. Sie jammert und wünscht sich die Kugel zurück. Ein Frosch bietet an die Kugel zurückzuholen wenn sie ihn als ihren Gesellen anerkennt. Sie gibt vor es zu versprechen. Nachdem der Frosch die Kugel geholt und übergeben hat, flüchtet die Königstochter in ihr Schloss ohne den Frosch zu beachten.

Am darauf folgenden Tag klopft der Frosch an die Pforte des Schlosses und der Königsvater befiehlt seiner Tochter, das Versprochene einzuhalten. So also isst er vom goldenen Tellerchen und trinkt aus dem goldenen Becher, bis der Frosch müde ist und wie versprochen im Bett der Königstochter schlafen will. Angewidert schleudert die Königstochter den Frosch in ihrem Gemach an die Wand, woraufhin sich dieser in einen jungen Königssohn verwandelt.

Am nächsten Tag fährt eine Kutsche vor, vom Eisernen Heinrich gefahren. Der Name stammt von den drei eisernen Bändern die er sich ums Herz hat legen lassen, damit dieses nicht vor Gram zerspringt. Er hat das Verwünschen seines Herrn in einen Frosch miterlebt

Als sie nun mit der Kutsche zurück in sein Königreich fahren, kracht es arg und der Königssohn hat Angst es sei am Wagen etwas gebrochen doch Heinrich tröstet ihn, es sei nur ein Band von seinem Herzen. Dies wiederholt sich noch zwei Mal und der treue Heinrich ist glücklich weil sein Herr wieder erlöst ist.

Analyse: Die Prinzessin ist eine verwöhnte Göre und vertreibt sich die Freizeit im Spiel. Diese Zickigkeit zieht sich durch das gesamte Märchen, sie ist aufmüpfig, schmollend, eigennützig, egoistisch. Erst zum Schluss, als durch den aggressiven Gefühlsausbruch der Frosch sich verwandelt, ändert sich schlagartig ihr Gemüt.

Die Geschichte gibt das so deutlich nicht mehr her, es ist jedoch anzunehmen, weil sie nun gerne mit dem Menschen übernachtet. Es ist für die Königstochter nicht erkennbar, wer sich hinter dem Frosch verbirgt. Hier wird eine Analogie zum Märchen Das hässliche Entlein klar. Wo das Entlein von den anderen verspottet wird, und selbst ganz traurig darüber ist, so ist der Frosch erstaunlich selbstbewusst und forsch im Auftritt.

Hier wird nur die Prinzessin als rebellierende Person gegen den Frosch dargestellt. Die anderen handelnden Personen agieren neutral, unterstützen noch den Frosch.

Der König mahnt, zu seinem Wort müsse man stehen. Dass diese ehrenvolle Art zu einem guten Ende führt, ergibt sich aus der Verwandlung. Zum Schluss kommt noch der Eiserne Heinrich ins Spiel, von dem bislang keine Silbe zu lesen war. Die nach und nach zerbrechenden Fesseln um sein Herz symbolisieren die Befreiung von Schmerz und uneingestandener Schuld an dem Schicksal seines Herrn, das zeigt eine hohe Verbundenheit und Treue. Core-Analogie = Liebe.

Der **belehrende Teil** dieser Geschichte: aus Sicht des Froschs lohnt sich Tapferkeit und Durchhaltevermögen. Aus Sicht der Prinzessin lohnt sich Wort zu halten bei einem Versprechen.

Illustration: Michael Hüter

4.10 Die sieben Raben (Gebr. Grimm)

Ein Mann hat sieben Kinder allesamt Brüder. Er wünscht sich ein Mädchen und die Mutter gebärt ein schwaches Kind. Einer der Brüder soll Wasser holen, um wenigstens die Nottaufe zu vollziehen. Alle Brüder laufen los und dadurch, dass alle Wasser schöpfen wollen, fällt der Krug in den Brunnen und ist verloren.

Der Vater wartet lange und verwünscht schließlich die Brüder „ich wollte dass alle Raben wären". So geschieht es und der Wunsch ist nicht mehr rückgängig zu machen.

Die sieben Raben fliegen davon und bleiben verschwunden. Das Mädchen wächst gesund heran und wird ein schönes Kind. Die Eltern verschweigen ihr die Brüder dennoch erfährt das Mädchen davon und macht sich auf ihre Brüder zu suchen. Sie kommt zur Sonne doch diese ist heiß und frisst kleine Kinder. Beim Mond angekommen hört sie noch wie dieser sagt „ich rieche Menschenfleisch" und flüchtet.

Bei den Sternen angekommen ist sie willkommen und erhält vom Morgenstern ein Hinkelbeinchen. Mit diesem Schlüssel solle sie den Glasberg aufschließen in dem ihre Brüder leben. Dort angekommen muss sie feststellen, dass sie den Schlüssel verloren hat. Sie schneidet sich einen Finger ab und öffnet damit den Glasberg. Der mit sieben Tellern und sieben Bechern gedeckte Tisch lädt sie dazu ein von jedem Teller einen Happen zu essen und einen Schluck aus jedem Becher zu trinken. Im letzten Becher verliert sie einen Ring, den sie von zuhause als Erinnerung mitgenommen hat.

Als die sieben Raben ankommen versteckt sich das Mädchen. Jeder sagt nacheinander „wer hat von meinem Tellerchen gegessen? Wer hat aus meinem Becherchen getrunken?" der letzte Rabe entdeckt den Ring, die Schwester tritt hervor und die Raben verwandeln sich zurück in die menschliche Gestalt, alle fallen sich in die Arme und sind glücklich vereint.
Analyse: Durch eine Unachtsamkeit und kurzer Wut aus egoistischer Motivation löst der Vater die Geschichte aus. Die Eltern schämen sich dafür und wollen der Tochter diesen Sachverhalt verschweigen. Dass die Tochter es doch erfährt ist nur eine Frage der Zeit.

Davon getrieben, ihre Brüder sehen zu wollen, und sie von dem Fluch möglicherweise zu befreien, macht sie sich auf einen sehr gefahrvollen Weg, was durch Sonne und Mond noch unterstrichen wird. Erst bei den Sternen wird sie unterstützt und doch verliert sie den kostbaren Schlüssel.

Tapfer und dadurch nicht entmutigt verstümmelt sie sich selbst um ihren Willen weiter zu verfolgen. Der verlorene Ring stellt dann eine Verknüpfung her, mit dessen Hilfe die Protagonisten wieder zusammen vereint werden. Durch die Anwesenheit der Schwester und ihr beherztes Durchhalten werden die Brüder vom Fluch erlöst. Hier gilt die Devise einer für alle und alle für einen, was sich auch daraus herleiten lässt, dass die Brüder zu Beginn allesamt für die Schwester das Wasser holen wollen. Core-Analogie = Liebe.

Der **belehrende Teil** dieser Geschichte: Durch furchtloses und wackeres Vorgehen kann ein Ziel jederzeit erreicht werden, auch wenn die Herausforderungen auf dem Weg dorthin schwer zu meistern sind. Mit dem Ziel vor den Augen wird es leichter.

4.11 Der Fuchs und die Gänse

Ein Fuchs will eine Gänseherde auffressen. Er gewährt den Gänsen noch eine letzte Bitte, vor dem Auffressen ein Gebet sprechen zu dürfen. Eine Gans nach der anderen beginnt „ga! ga!" und sie hörten nicht mehr auf.

Analyse: Über das Märchen wird der Umstand erklärt, dass Gänse so häufig schnattern. Damit schützen sie sich vor dem Fuchs, der sie ja fressen will. Dies klingt nach einer sehr logischen Konsequenz. Die letzte Bitte hat sich für die Gänse als lebensrettend entpuppt. Somit erhält der Begriff „Der letzte Wunsch" eine völlig andere Bedeutung als gemein-üblich darunter verstanden wird. Core-Analogie: Eins-sein.

Der **belehrende Teil** dieser Geschichte: einen Kompromiss eingehen zu wollen oder auf eine gewährte Bitte hin wohlwollend zu reagieren, kann das geplante Vorhaben sogar so weit beeinflussen, dass es nicht mehr realisierbar ist.

Kapitel 5
Einsatz von Tieren in der Werbung

Der Einsatz von Tieren in der Werbung soll den potenziellen Interessenten über die zumeist positiv dargestellten Eigenschaften der tierischen Darsteller zum Kauf motivieren. Hierbei werden verschiedene Eigenschaften genutzt.

Illustration: Michael Hüter

5.1 Faktoren

Kuschel-Wohlfühl-Faktor (Beispiel: Katze wirbt für Katzenfutter (Unterschied: echte Katze, gezeichnete Katze (Felix)), reinweiße Katze wirbt für Wandfarbe)

Kraft-/Stärke-Faktor (Beispiel: Tiger wirbt für Ölkonzern (1965!), Wildherde Pferde werben für Tabakkonzern zus. Botschaft: Freiheit, Selbständigkeit, Natur)
„ist-das-süß"-Faktor (Beispiel: Hundewelpen oder Katzenbabys werben für Tierfutter)
Kompetenz-Faktor (Beispiel: Hund und Hamster interagieren und werben für ein Internet-Auktionshaus; der Hund bestellt für den Hamster ein Riesenrad)
Schutz-Faktor (Beispiel: Gänse marschieren über Straße, Auto kommt Dank Qualitätsreifen vor der Tiergruppe zum Stehen)

5.2 Hund und Katz

Am häufigsten in der Werbung vertreten sind Katzen und Hunde. Das verwundert nicht, sind uns diese Haustiere doch am nächsten in unserem direkten Umfeld, sie wohnen mit uns unter einem Dach. Hunde gelten als treue und zuverlässige Begleiter des Menschen in allen Lebenslagen, und decken daher einen größeren Produktkatalog ab als Katzen, denen wir zumeist in der Werbung für „ihr" Katzenfutter begegnen.

5.3 Schlange

Auch gemeinhin als unsympathisch geltende Tiere können in der Werbung ihr Potenzial entfalten. Beispiel Schlange in Parfüm-Werbung. Das soll geheimnisvoll, mystisch und anziehend wirken. Obwohl der leicht bekleidete Herr, der die Schlange um den Hals liegen hat, eine vielmehr ausziehende Wirkung erzielt.

5.4 Bär

Schon früh wurden Tiere als Werbebotschafter entdeckt. Ausgerechnet ein Bär findet sich sogar relativ häufig. Wer erinnert sich noch an den Hustinetten-**Bär**? Der prominenteste seit 50 Jahren existierende Klassiker wie der Bärenmarke-**Bär** bezeichnen bereits den Namen des Produkts. Wenn wir schon bei Bären sind: es gab oder gibt den Charmin-**Bär** (na wer weiß noch wofür der Werbung gemacht hat? Richtig: Toilettenpapier!). Seit der Coca-Cola-Werbung wissen wir, wie verrückt **Eisbären** nach der schwarzen Brause sind.

Andere Bären bevorzugen mehr das „harte Zeug" wie z.B. Whisky – allerdings bitte nur den mit Honig-Aroma! Einer der „ist-das-süß"-Bären war sicherlich der Perwoll-**Teddy**. Zuletzt ist da natürlich noch der Haribo-**Bär**, gleichzeitig im Legendär-Ranking auf Platz 6 der Werbesprüche „Haribo macht Kinder froh", der adrett mit einer roten Schleife um den Hals im wahrsten Sinne „süß" daher kommt.

Illustration: Michael Hüter

5.5 Frosch

Ein **Frosch** ist das Markenzeichen der Firma Erdal Rex. Das gleichnamige Produkt Frosch = Reinigungsmittel mit Öko-Versprechen. Kermit der Frosch machte Werbung für den neuen 1er-BMW im Jahre 2004. RWE wirbt mit einem Frosch für ihren Konzern. Der Frosch steht hierbei für Ökologie, Nachhaltigkeit und sauberer Umwelt.

5.6 Sonstige

Na gut wenn ich Sie gerade neugierig gemacht habe, was denn die Plätze 1 bis 5 und 7 bis 10 sind? OK ein kleiner Ausflug, es sind weitere Tier-Werbeträger dabei insofern passend.

Raten Sie mal um welches Produkt es sich hier handelt sofern es nicht schon aus dem Werbespruch hervorgeht. Bestimmt ist Ihnen jeder Spruch ein Begriff. Das macht deutlich, wie fest sich diese Sprüche in unser Gedächtnis eingeprägt haben.

Platz	Spruch
1	Nichts geht über **Bärenmarke**
2	Frau Antje bringt Käse aus Holland
3	Wäscht nicht nur sauber sondern rein
4	Wer wird denn gleich in die Luft gehen?
5	Die zarteste Versuchung seit es Schokolade gibt
6	Haribo macht Kinder froh…
7	Pack den **Tiger** in den Tank
8	Ich bin doch nicht blöd
9	Geiz ist geil
10	Wohnst du noch oder lebst du schon?

Kapitel 6 Tiere in religiösen Metaphern

6.1 Der Ausflug ins religiöse Tierreich

Wir kennen in unserer christlichen Tradition auch Tiere mit metaphorischer Bedeutung, die bereits in der Zeit des Alten Testaments zu finden sind. Hierbei werden Tiere häufig symbolträchtig verwendet. Tiere, die in anderen Religionen als heilig oder als Götter verehrt werden, sind in der Bibel skeptisch betrachtet oder werden sogar durch das Erste Gebot als Sündenfall bezeichnet. Siehe auch unter dem Begriff Kalb.

In anderen Religionen, insbesondere im Hinduismus werden vielen unterschiedlichen Tieren religiöse Attribute zugesprochen. Die **Kuh** ist dort das mithin am meisten als heilig verehrte

Tier. Das **Schwein** wiederum wird im Islam und Judentum als unrein bezeichnet. Dies nur wenige Beispiele aus anderen Kulturen. So bestehen viele Unterschiede besonders in Art und Anzahl von Tieren mit religiös-metaphorischem Hintergrund.

6.2 Die Heuschrecke

Als eine der neun Plagen fallen Schwärme von Heuschrecken über Ägypten her, nachdem Moses diese Plagen heraufbeschwört hat. Die Heuschrecke als gefräßiges Insekt, welches in großen Gruppen ganze Plantagen und Ernten zunichte macht, findet einen aktuellen und prominenten Metapher-Nachfolger in dem von dem Politiker Franz Müntefering im Herbst 2004 getätigten Ausspruch bzw. Vergleich. Zitat: „Wir müssen denjenigen Unternehmern, die die Zukunftsfähigkeit ihrer Unternehmen und die Interessen ihrer Arbeitnehmer im Blick haben, helfen gegen die verantwortungslosen **Heuschrecken**schwärme, die im Vierteljahrestakt Erfolg messen, Substanz absaugen und Unternehmen kaputtgehen lassen, wenn sie sie abgefressen haben. Kapitalismus ist keine Sache aus dem Museum, sondern brandaktuell." Heuschrecken gelten seitdem als abwertende Tiermetapher für Finanz-Gesellschaften, die mit überhöhten Zins-Erwartungen Anleger locken und damit in kurzer Zeit eine hohe Gewinnmarge erzielen, mit dem im schlimmsten Fall jähen Ende dieser Finanzblase, die dann platzt und die verbliebenen Anleger somit Geldverlust spüren lässt.

6.3 Der Löwe

Der Löwe steht als Symbol für Macht und Gefährlichkeit. Religiöses Beispiel: In der Geschichte von Daniel in der Löwengrube wird Daniel den Löwen zum Fraß vorgeworfen, weil Neider ihn gegenüber dem König verraten. Die Geschichte geht jedoch gut aus und sein Glaube an Gott rettet Daniel, da sich die Löwen ihm gegenüber ruhig verhalten. Grundsätzlich allerdings ist klar erkennbar, dass der Löwe als gefährliches Raubtier und menschenfressende Bestie angesehen wird. Schon alleine die Bedeutung in der frühen Christenverfolgung macht es deutlich. Zu dieser Zeit wurden Christen in den Arenen zur Unterhaltung der Zuschauer von ausgehungerten Löwen gerissen.

6.4 Die Taube

Die Taube galt im Christentum als Opfergabe der „armen Leute" die es sich nicht leisten konnten, ein Lamm zum Altar zu führen. Insbesondere die Turteltaube gilt als sanft und arglos. Noch heute werden zwei frisch Verliebte häufig als Turteltauben bezeichnet, die sich sorglos, unbelastet und beschwingt miteinander beschäftigen und den Alltag um sich herum scheinbar vergessen.

6.5 Der Esel

Der Esel ist sowohl das Arbeits- als auch das Reittier von damals. Pferde waren den Hochgestellten oder dem Militär vorbehalten. Josef flieht mit Maria nach Bethlehem, auf einem Esel reitend. Zusammen mit dem Ochsen anwesend im Stall bei der Geburt von Jesus Christus ist die symbolträchtige Bedeutung nicht besonders auffällig. Ansonsten ist der hin und wieder bockige als temporär unwillige Esel als genügsames Lastentier benannt, dem ordentlich aufzuladen gilt. Noch heute ist jemand ein Esel, der sich große Lasten (Arbeit) aufbürden lässt.

6.6 Der Adler

Er nistet hoch auf den Felsen, wird als König der Lüfte bezeichnet, seine Schnelligkeit und das scharfe Auge lassen ihn ehrfürchtig erscheinen. Er kann Menschen in den Himmel tragen. Gleichzeitig ist der Adler fürsorglich und familienbezogen. Zudem ist er Sinnbild für die durch Gott erneuerte jugendliche Kraft.

6.7 Der Fisch

Das vereinfacht stylisierte Fischsymbol gilt als Losungs-Metapher für die Zugehörigkeit zum

Christentum, entstanden aus dem Bezug zu den ersten Jüngern von Jesus Christus, welche Fischer waren und nun zu „Menschenfischern" werden sollten. Zudem war der Fisch (aus dem griechischen Ichthys) zur damaligen Zeit ein Hauptnahrungsmittel. Der Amtsring des Papstes wird Fischerring genannt.

6.8 Das Kalb

Der so genannte „Tanz um das Goldene Kalb" stammt aus dem zweiten Buch der Bibel. Die Redewendung geht darauf zurück, dass die Israeliten nach ihrem Auszug aus Ägypten unter der Führung von Moses lange durch die Wüste irrten und große Entbehrungen hinnehmen mussten.

Als dann Moses auf den Berg Sinai stieg um von Gott die zehn Gebote zu empfangen, bauten sich die Zurückgebliebenen einen „Ersatz-Gott" in Form eines Goldenen Kalbes und huldigten (tanzten um, beteten zu) dieser Statue. Hierdurch verstießen sie gegen das erste jedoch ihnen noch nicht bekannte erste Gebot „Ich bin der Herr, Dein Gott. Du sollst keine anderen Götter neben mir haben."

Noch heute wird diese Symbolik verwendet für eine Situation in der Jemand in hohem Maße materiell eingestellt ist und sozusagen dem „Gott Geld und Gott Gold" dient.

6.9 Das Schaf

Das Schaf wird sowohl als Haustier als auch häufig als Opfertier gerade in der christlichen Religion erwähnt. Als Opfertier wird das Schaf in seiner Wachstumsphase als Lamm bevorzugt. Das Lamm gilt in dieser Hinsicht als gutmütiges Tier, das alles mit sich machen lässt und aufgrund der Schockstarre alles Weitere über sich ergehen lässt. Gleichzeitig ist es aufgrund seiner Reinheit und Weichheit des in aller Regel weißen Fells Garant für einen makellosen Tribut. Auch jemand, der rückfragefrei und „blauäugig" alles mit sich machen lässt, wird heutzutage noch als „belämmert" bezeichnet, vom Lamm kommt der Wortstamm.

6.10 Die Schlange

Im ehemaligen problematischen Obstanbaugebiet namens Garten Eden gibt es die Schlange, die als Symbol der Versuchung Eva dazu verführt, vom verbotenen Baum einen Apfel zu nehmen, um ihn Adam anzubieten. Bereits diese kurze Geschichte bietet umfassend Raum für Definitionen, die aus dem Zusammenspiel dieser drei Mitwirkenden resultieren. Da ist nun also die „falsche Schlange".

Noch heute versteht diese Definition eine Person, die mit Hinterlist agierend Macht auf andere ausüben will. Das Attribut „falsch" steht für die Lüge, das „falsche Zeugnis" wie es viel häufiger in der Bibel als Metapher benutzt wird, wenn es darum geht, dass jemand etwas „falsches bezeugt", also mit vollem Rechtsbewusstsein die Unwahrheit ausspricht.

Somit ist die falsche Schlange ein Synonym für eine lügende betrügerisch und intrigant wirkende Person. Nun stellt sich noch die Frage, was die falsche Schlange von Ihrem Verhalten hat? Was ist die Motivation hinter diesem Verhalten?

Ganz offensichtlich ist es hier keine bevorzugt materielle Bereicherung, die angestrebt wird. Wohl jedoch eine persönliche. Auf Andere Macht auszuüben ist seit jeher und bis heute fest in der Menschheitsgeschichte verwurzelt.

Illustration: Michael Hüter

Kapitel 7 Tiere in therapeutischen Metaphern

7.1 Einfache therapeutische Metaphern

Mit einfachen Geschichten meine ich, dass die Metapher nur eine Ebene hat, auf der sie erzählt wird. Die Geschichte beginnt mit der Beschreibung der Problemphysiologie, nähert sich mit Änderung der Verhaltensmuster der Lösung und lässt diese zum Schluss wirken.

Ich habe drei Beispiele formuliert, selbstverständlich mit tierischen Protagonisten, und nach jeder Metapher ist beschrieben, für welches Problemverhalten diese ausgesucht wurde.

7.1.1 Die Tiere im Wald

Die Tiere im Wald lebten in den Tag hinein, ließen es sich gut gehen und beschlossen jeden Tag mit ausgiebigen Feiern und Trinken. Am nächsten Morgen erwachten die Tiere mit einem ordentlichen Brummschädel, vielen war übel und es dauerte bis in den frühen Nachmittag hinein, bis sie einigermaßen wieder in Ordnung waren, um danach gleich wieder mit dem Feiern und Trinken anzufangen. So ging es tagein, tagaus. Bis eines Tags der Platzhirsch ein Machtwort sprach „Also Leute so geht das nicht weiter. Wir Tiere im Wald haben doch einen nützlichen Lebenssinn. Wie können und wollen wir uns einfach immer nur dem Feiern und Saufen hingeben? Also ab sofort ist Feierabend damit. Ab heute wird nichts mehr getrunken! Wer dagegen verstößt bekommt es mit mir zu tun!" Alle Tiere nickten und waren einverstanden.

Am folgenden Tag drehte der Hirsch seine Runde. Ganz viele Tiere waren noch müde und angeschlagen. Aber es ging ihnen schon viel besser als am Vortag. Nur der Hase war schon wieder völlig betrunken. „Hey Hase, wir haben doch ausgemacht, dass wir nicht mehr trinken!!" „Isch w..w..weiß ja" lallte der Hase „da warn aber noch *hicks* paar Reste die mussten noch weg." „Na schön, aber morgen… Du weißt Bescheid!" „Ja klar…" antwortete der Hase lustlos.

Am nächsten Tag war der Hirsch wieder unterwegs. Fast alle Tiere waren munter und zufrieden und agil. Als er den Hasen traf, war dieser jedoch erneut betrunken. „Also Hase, jetzt hast Du Dich doch wieder besoffen. So geht das nicht!" „He sorry" antwortete der Hase mit tiefen Ringen unter den Augen „ich hab doch nur noch die letzten Reste ausgetrunken und mir war danach *hicks*" „Also Hase zum letzten Mal" antwortete der Hirsch und stampfte mit dem Huf „wenn ich Dich morgen nochmal betrunken erwische, setzt es was, verstanden!?" Der Hase nickte stumm.

Am Folgetag besuchte der Hirsch wieder die Waldtiere und war erfreut, wie glücklich diese waren, gesund und fröhlich. Nur den Hasen konnte er nicht ausfindig machen. Der Hirsch schlenderte am Bach vorbei, da bemerkte er einen Strohhalm im Wasser, der sich aufrecht im Kreis drehte.

„Merkwürdig" dachte der Hirsch und zog an dem Halm. Mit dem Strohhalm tauchte plötzlich der Hase auf, und er war wieder einmal stockbetrunken. „Hab ich Dich erwischt Hase! Wir Waldtiere waren uns alle einige mit dem Trinken aufzuhören. Jetzt hast Du übertrieben und ich muss Dich tadeln!" „Hey Hirsch pass auf" lallte der Hase ihn lautstark an. „wasss ihr Waldtiere macht, iss unsss Fischen hier wurscht-egal" und tauchte wieder unter.

Problemverhalten: Ignorieren von Suchtproblemen

Illustration: Michael Hüter

7.1.2 Der ungerechte Bär

In einer Bärenfamilie lebten die Eltern mit ihren vier erwachsenen Bärensöhnen. Drei von ihnen verließen morgens zügig nacheinander das Haus, um ihrer regelmäßigen Arbeit nachzugehen. Der vierte schlief morgens lange aus, verblieb ausgiebige Zeit im Bad, frühstückte gemütlich und las dann die Zeitung. So kam er erst am späten Vormittag zur Arbeit und war infolge dessen natürlich erst am späten Abend zu Hause. Seine Brüder indes gingen schon einige Zeit ihrer Freizeitbeschäftigung nach oder gingen aus.

Der vierte Bär wurde über diese nach seiner Meinung unfaire Behandlung missmutig, musste er doch stets spät alleine essen, da die anderen bereits gemeinsam mit den Eltern das Abendessen genießen konnten. Seine Brüder unternahmen auch nichts mit ihm, weil er immer erst so spät zuhause war. Darüber hinaus gingen diese schon früh zu Bett, wo er noch wach und fitt war.

Dieses Leid klagte der Bär einem weisen alten Uhu. Dieser sprach zu dem Bären „Wenn Du Gerechtigkeit vermisst, dann frage Dich zunächst, wem Gerechtigkeit zusteht. Bist nur Du es, oder ist Gerechtigkeit eine Angelegenheit von vielen? Denk darüber nach, dann komme wieder zu mir." Gesagt getan. Der Bär dachte über die Worte des Uhu nach und besuchte ihn am nächsten Tag erneut. „Nun weiser Uhu" sprach der Bär „ich finde Gerechtigkeit sollte jedem zuteil werden, ein jeder hat Anspruch auf eine gerechte Behandlung." „Sehr klug von Dir Bär. Und nun überlege als nächstes, was jeder dazu tun kann, damit auch jeder gerecht behandelt wird.

Komme dann wieder zu mir wenn Du eine Antwort hast." Wieder dachte der Bär einen Tag lang über die Ansprache des Uhu nach und kehrte tags darauf zu ihm zurück. „Ich denke ich habe Dich verstanden Uhu" sprach der Bär „in einer Gemeinschaft kann nur Gerechtigkeit vorhanden sein, wenn jeder seinen Teil dazu beiträgt und das Bewusstsein nach gegenseitiger Rücksicht existiert." „Aha" sagte der Uhu „und was schließt Du daraus?" „Nun, ich dachte ungerecht behandelt zu werden, weil meine Brüder so früh zuhause sind und mehr Zeit haben als ich. Dabei habe ich genau so viel Zeit, mein Tag verläuft nur anders." „So" antwortete der Uhu „Du hast es nun selbst in der Hand, Bär. Du kannst Dich damit arrangieren, dass Dein Tag anders verläuft, oder Du kannst Dich ändern und so an der Gemeinschaft mehr teilhaben als früher. Es ist Deine Entscheidung."

Problemverhalten: Trägheit, Gefühl ungerecht behandelt zu werden

7.1.3 Der perfekte Tag

Der Fuchs traf sich mit dem Frosch abends im Stammlokal am Stammteich. Der Frosch wirkte niedergeschlagen, erschöpft, traurig. „Was los?" fragte der Fuchs. „Ach menno" antwortete der Frosch „heute war einer der beschissensten Tage die ich je erlebt habe". „Oh was war denn los?" sorge sich der Fuchs „erzähl doch mal." Der Frosch berichtete. „Also heute Morgen bin ich noch fröhlich aufgewacht und hab den Tag quakend begrüßt. Ich hüpfe also noch vergnügt zu meinem Haustümpel.

Und was sag ich Dir? Da sitzt doch so ein anderer unverschämter Frosch genau auf MEINEM Seerosenblatt. Dort sitze ich doch schon seit Jahr und Tag. Und heute schnappt mir einer meinen Stammplatz weg. Blöd oder? Und es geht noch weiter! Ich such mir also ein anderes Plätzchen, doch dort spielen die Jungfrösche, platschen einer nach dem anderen ins Wasser, scheuen die Insekten hoch und spritzen mich auch noch nass. Nun ja ich bin dann mal von der Arbeit bissel früher nach Hause gehopst. Und was muss ich sehen? Meine Frau ist auch schon zuhause! Und eröffnet mir doch, dass sie mehr Zeit für unseren Kaulquappen-Nachwuchs haben möchte und deshalb künftig nur ¾ arbeiten will. Ich hab's nicht fassen können. Wie sollen wir denn unseren bisherigen Lebensstandard halten, wenn ein viertel Gehalt fehlt? Zu allem Überdruss wollten die Kinder dann auch noch ne Stunde mit dem Papa spielen und ich musste mich darum kümmern. Ich war ganz schön geschlaucht, na und jetzt bin ich hier und lass den Tag bei einem Froschbierchen ausklingen."

„Uiui, Frosch" sagte der Fuchs„ das klingt für mich eher nach einem perfekten Tag." „Ähm wie bitte??" stammelt der Frosch „Wie meinst Du das?". „Ganz einfach" lächelte der Fuchs den Frosch an „ich erklär' Dir gern was ich aus der Geschichte herausgehört habe." „Ich bin gespannt" sagte der Fuchs in einem überrascht-neugierigen Tonfall. „Also" räusperte sich der Fuchs „heute Morgen also hast Du mal eine tolle Abwechslung gehabt, anstatt immer nur das eine öde Blatt besetzen zu müssen.

War das nicht fast wie ein kleiner Urlaub, mal woanders zu sitzen und einen anderen Blickwinkel auf den Tümpel zu bekommen? Du hast auch bemerken dürfen, wie es woanders zugeht. Nass wirst Du doch sowieso andauernd. Dass Dir die Jungfrösche dabei noch die Insekten quasi ins offene Maul transportiert haben, das klingt wie das Schlaraffenland. Dein Jagderfolg muss super gewesen sein. Ich hoffe Du hast Dir bewusst gemacht, dass dein Arbeitstag nicht so lang war, und dafür dein Freizeittag länger, denn Du warst ja früh zuhause. Deine Frau hat heute ähnlich gedacht, und wird sich künftig sogar mehr noch um Euren Nachwuchs kümmern? Im Ernst: was gibt es besseres in der Erziehung der Nachkommen, als selbst dafür die Weichen zu stellen? Ich finde das klasse. Das ist für mich mal eine sinnvolle Investition in einen guten Lebensstandard. Zu guter Letzt hast Du noch den Vorzug gehabt, dass Deine Kinder mit Dir spielen wollen, weil sie den Papa eben nicht nur von nach-der-Arbeit-aufs-Sofa kennen, sondern sie wissen, dass Du Dich beschäftigen kannst. Damit bist Du ein wertvoller Bestandteil für ihr Leben und sie sind bestimmt fröhlich und dankbar für Dich. Also wie sich das für mich anhört, war das ein perfekter Tag."

Während der Fuchs still an seinem Fuchs-Weinchen nippte, war des Froschs mentales Rattern visuell wahrnehmbar. Er schaute langsam auf, sein Breitmaulfrosch-Lächeln nahm dabei immer mehr zu.

Und während er sich anschickte, erst langsam dann immer hektischer hüpfend das Lokal zu verlassen rief er dem Fuchs zu „Sorry Fuchs, wir zwei, gern ein anders Mal, ich muss los! Ich brauch noch einen Strauss Seerosen für meine Froschine und für die Kinder besorge ich noch Spielzeug. Bis demnächst!" Und mit einem großen Hopser war er verschwunden. Der Fuchs lächelte nun ebenfalls verständnisvoll, lehnte sich genüsslich zurück und war zufrieden mit diesem für ihn perfekt ausklingenden Tag.

Problemverhalten: eingeschränkte negative Wahrnehmung

7.2 Verschachtelte therapeutische Metaphern

Verschachtelte Metaphern haben mehrere Ebenen. Dies bedeutet, die Geschichte beginnt, und irgendwann beginnt innerhalb der Erzählung eine zweite Geschichte. Dies lässt sich beliebig wiederholen, es sollte bei der Entwicklung darauf geachtet werden, dass die Komplexität nachvollziehbar bleibt und die Geschichte schlüssig ist. Die Struktur solcher Geschichten lässt sich wie folgt skizzieren: Beginn Geschichte 1, Beginn Geschichte 2, Beginn Geschichte 3, Ende Geschichte 3, Ende Geschichte 2, Ende Geschichte 1. Die Erzählungen die zuletzt begonnen wurden, werden als erstes wieder abgeschlossen und zur nächst-höheren Ebene gewechselt, wo es so lange weitergeht, bis auch diese abgeschlossen wird.

Wie schon in Kapitel 7.1 beschrieben, habe ich nachstehend drei Beispiele beschrieben. Die Metaphern wurden im Rahmen einer praktischen Übung während des NLP-Master-Lehrgangs im August 2013 erstellt.

Die Autorin Silvia Meves und Autor Markus Schäfer sowie mein Trainer Stefan Heller haben mir freundlicherweise ihre Metapher für die Publikation in diesem Buch zur Verfügung gestellt. Hierfür ein herzliches Dankeschön!

7.2.1 Die fleißige Biene

Es war einmal eine fleißige Biene. Ihr Summen erfreute jeden, wusste doch ein jeder aus dem Volk, dass Hilfe nahte. Denn diese Biene war die Fleißigste. Gab es eine Arbeit auszuführen, einen Auftrag zu erledigen; nie wurde unsere Biene müde. So verwunderte es nicht, dass sie die Anerkennung und Wertschätzung des ganzen Volkes hatte. War einmal ein Versprechen gegeben, eine Zusage gemacht, dann setzte unsere Biene alles daran, die Erwartungen bestens zu erfüllen.

Aber irgendwann fühlte unsere Biene sich nicht mehr wohl. Es war etwas geschehen, erst ein Gedanke, dann ein Gefühl, das die Biene langsam, aber immer häufiger und bohrender beschlich. Ein Unbehagen, das sie sich anfangs nicht erklären konnte. Ein Unbehagen, das anwuchs, größer wurde und die Biene schließlich nachdenklich werden ließ.

Wie war das mit dem Fleiß? Es hatte sich etwas geändert. Früher freute sich die Biene anderen zu helfen, sie zu unterstützen und keine Mühe war ihr zu groß. Aber jetzt?

Jetzt fühlte sie, dass sie keinen Fleiß hatte, sondern der Fleiß hatte sie. Wie eine Maschine, die funktionierte, ertappte sie sich dabei, dass sie ihre Hilfe anbot ohne zu überlegen, ob sie dies auch wirklich wolle. Ja, ganz von selbst hörte sie sich sagen: „Ach, da kann ich dir helfen.

Ich kümmere mich drum. Das bring ich dir mit."

Und dann wollte sie unbedingt ihr Versprechen einhalten, fühlte wie sie rastlos wurde, immer in Gedanken an alles, was noch erledigt sein wollte. Und etwas fehlte der Biene: das unbekümmerte „in sich Ruhen", das Gefühl des „einfach da Seins". Und die Biene wurde traurig.

Da entschloss sie sich zu der Eule zu gehen. Die Eule war alt, längst ergraut und ihre Weisheit über alle Grenzen bekannt. Die Eule hörte sich die Geschichte der Biene an, dann dachte sie nach und begann zu erzählen: Es waren einmal ein Krokodil, eine Schlange und eine Spinne. Jeden Morgen kamen fleißige Ameisen herbei, grüßten eiligst und liefen dann kopfschüttelnd weiter. „Wie kann man nur so die Zeit totschlagen? Unerhört!"

Noch aus weiter Entfernung klangen dem Krokodil, der Schlange und der Spinne die missbilligenden Worte ans Ohr. Darauf reckte sich das Krokodil, die Schlange ringelte sich genüsslich in der Sonne und die Spinne rieb sich über die Augen. Am Abend rannten die Ameisen zurück. Müde, den Blick getrübt durch die Anstrengungen eines langen Arbeitstages. So wundert es nicht, dass sie das mörderische Netz der Spinne übersahen und sich in der tödlichen Falle verfingen.
Aus den Augenwinkeln verfolgten die Schlange und das Krokodil, wie die Spinne ihre Beute

fraß. „Alles im Leben hat seine Zeit," seufzte das Krokodil, „die Arbeit ebenso wie die Muße"
„Das Gras wächst nicht schneller, wenn man daran zieht" zischelte die Schlange und ringelte sich bequem.
Da wurde die Biene still. „Alles im Leben hat seine Zeit", klang es in ihrem Ohr. Der Arbeit hatte sie immer die Zeit zugestanden. Aber der Muße? Hatte sie der Muße Unrecht getan? Sie übersehen?
Die Biene war immer noch fleißig. Aber auch gelassener. Ein angenehmer Zeitgenosse. Ihr Volk schätzte sie. Wegen ihrem Fleiß, aber zunehmend auch wegen der Ruhe, die sie ausstrahlte. Dann, wenn alle glaubten, es besonders eilig zu haben.

Herzlichen Dank an Silvia Meves

Illustration: Michael Hüter

7.2.2 Was machst Du aus Deinem Leben?

Die Geschichte handelt von einem alten Bauern, der zusammen mit seiner Familie und allerlei Tieren auf einem kleinen Bauernhof lebte. Täglich stand er in aller Frühe auf, versorgte die Tiere um anschließend die Felder zu bestellen. Das tat er Tag für Tag. Und abends konnte er sehen, was er gearbeitet hatte, und das machte ihn glücklich. So stand er auch morgens mit einem Lachen auf, und verrichtete die Arbeit, die seine Familie seit Generationen ausübte. Und weil der Bauer ein reines Herz hatte, konnte er auch die Sprache seiner Tiere verstehen.

Und so ging der Bauer jeden Abend wenn es dunkel wurde zu den Tieren in den Stall, um ihnen eine gute Nacht zu wünschen. Zuvor erzählten sie sich aber noch Geschichten. Dort saßen die Kühe neben den Schweinen und die Ziegen neben den Katzen. Und der Bauer begann mit der Geschichte der zwei Sonnenblumenkerne.
Der eine Kern wollte nur in die Sonne, um sich auszuruhen. Der andere vertraute dem Bauern und ließ sich in die Erde legen.

Diese Geschichte ist toll, sprach der Kater und hob die Stimme. Geheimnisvoll flüsterte er von dem Abenteuer, das sein Großvater erlebt hatte, und das ging so. Bereits als junge Katze eines Müllersohnes schien mir mein Ende schon nah zu sein. Doch dann tat ich dem jungen Mann leid, und er ließ mich am Leben.

Aus Dank hierfür diente ich ihm als Freund und verhalf ihm, weg von einem einfachen, hin zu einem prunkvollen Leben. Das war nicht immer einfach, doch es hat sich gelohnt.

Ich war für jeden Tag froh, den ich neu erleben durfte und wir haben viel erlebt. Lächelnd zeigte er auf die Stiefel an seinen Pfoten, über die gerade eine Spinne lief. Sie war auf dem Weg zu ihrem Netz. Sie sagte: Es ist wichtig, jeden Tag ein neues Netz zu bauen oder eines zu reparieren. Und weil ich das jeden Tag aufs Neue mache, kann ich mich mit leckerem Essen versorgen. Natürlich ist die Arbeit immer die gleiche, aber es lohnt sich!

Ja, das kennen wir, nickten auch die Kühe zustimmend mit den Köpfen und erzählten: Wir verlassen jeden Tag zum Fressen den Stall. Aus der Milch die wir herstellen kann der Bauer viele leckere Sachen herstellen. Und was er selbst nicht isst, kann er gegen andere Lebensmittel eintauschen. So schafft er es, seine Familie zu ernähren.

Sollen wir denn aus den Geschichten was lernen?, fragten die Ziegen. Es trat Stille im Stall ein.

Nach einer kurzen Pause sprach der Bauer: Aber ja, jeder kann das lernen, was er lernen möchte. Die Kühe fressen um andere zu versorgen, die Spinne arbeitet jeden Tag, auch wenn ihr Tagwerk wieder zerstört wird, der Kater tat Gutes, weil man ihm Gutes tat. Jeder hatte eine andere Motivation.

Und die Geschichte mit den Sonnenblumenkernen endete so… Der erste Kern blieb in der Sonne liegen und wurde im Herbst von der Bäuerin mit dem Staub auf dem Hof weggekehrt. Der andere Kern konnte die Kraft der Erde nutzen und wuchs. Er wurde immer größer. Und als die Sonne am höchsten Stand, war er eine stolze Blume, die von oben über den gesamten Bauernhof blicken konnte. Und als es Herbst wurde, hatten hunderte von neuen Sonnenblumenkernen die Wahl, etwas aus Ihrem Leben zu machen. Euch wünsche ich jetzt eine gute Nachtruhe und den Mut, jeden Tag wieder von vorn anzufangen.

Der Bauer stand auf, blickte zufrieden zu seinen Tieren und ging beruhigt und müde zurück zu seiner Familie ins Haus.

Auch er wusste, dass nicht jeden Tag alles klappte, war aber glücklich, wenn andere von seiner Arbeit profitierten.

Nimm auch du die Zufriedenheit in dich auf, die in dir ist, wenn du erkennst, dass andere durch dein Wirken einen Mehrwert haben.

Herzlichen Dank an Markus Schäfer

7.2.3 Gemeinsam gräbt besser

Der Hase Glock hoppelte vergnügt des Wegs daher, als er einen anderen Hasen am Wegesrand entdeckte. Dieser schien tief-traurig vor sich hin zu sinnieren und gedankenversunken zu sein. „Hey Du" rief der vergnügte Hase Glock dem am Wegesrand zu „was ist denn los? Du guckst so traurig." „Ja stimmt" antwortete dieser mit gequälter Stimme „stell Dir vor heute Morgen höre ich laute Geräusche von draußen, hopple aus meiner Behausung und schon stampft ein riesiger Traktor meine Wohnung total ein. Alles eingestürzt, Totalschaden. Jetzt muss ich armer Tropf eine ganz neue Behausung bauen. Keinem geht's so schlecht wie mir!"

„Zum Glück ist zunächst einmal Dir nichts passiert" äußerte sich der Hase Glock erleichtert. „Wie heißt Du?" „Ich heiße Poch" antwortete der andere Hase. „Ich kann Dir helfen" sagte Glock. „Ach Du lass mal, damit muss ich schon alleine zurecht kommen. Jeder ist doch auf sich gestellt im Leben."

Glock überlegte kurz und sprach zu Poch „Du ich kenne da eine Geschichte, die mir eine gute Freundin, die Eule Wosheit erzählt hat. Sie kennt das so wie Du. Magst Du die Geschichte hören?" „Ja bitte erzähl doch" lehnte sich Poch interessiert zurück und lauschte den Worten von Glock.

„Die Eule Wosheit berichtete mir, dass sie eines Nachts wie üblich auf Mäusejagd war.

Doch als sie kurz abgelenkt war, und zur Seite schaute, bemerkte sie zu spät den Ast und rammte diesen mit ihrem rechten Flügel. Es tat einen Knacks und sie taumelte zu Boden.

Oh je – der Flügel war verstaucht. So konnte sie der Jagd nicht nachgehen. Zuerst war sie tief traurig über ihren Zustand, doch dann besann sie sich auf ihre Eulenfreundinnen. Kaum gedacht war auch schon eine ihrer Freundinnen bei ihr gelandet. Hey sagte diese namens Holfreich, ich hab Dich von weitem gesehen und dass Du abgestürzt bist. Wie geht's dir? Alles okay antwortete Wosheit. Nur der Flügel verstaucht, ich kann so leider nicht jagen. Na komm ich helf Dir, in ein paar Tagen hast Du das überstanden. Bis dahin fange ich Dir ein paar Mäuse. Gesagt versprochen und getan vergingen ein paar Tage in denen sich Wosheit erholen konnte, und sie bekam Hilfe von Holfreich, Frondlichkeit und Gote. Sollte diesen etwas zustoßen, war Wosheit natürlich ghenau so bereit zu unterstützen."

„Na wie gefällt Dir diese Geschichte?" sprach Glock zu Poch. „Sehr schön, das gibt mir Hoffnung und Zuversicht." „Na schön dann machen wir uns mal gemeinsam auf, um für Dich eine neue Behausung zu finden.

Übrigens hab ich noch zwei Kumpel, Schofel und Spoten, die sind sehr gut im Graben. Du weißt ja nun: gemeinsam gräbt sich's besser!" Beide hoppelten gemeinsam davon um die Kumpels zu suchen. Einige Zeit später war schon am gleichen Tag ein neuer Bau gegraben und Poch konnte einziehen. Er gab für seine neuen Freunde eine tolle Feier und sie waren fortan tolle Kumpel und halfen sich, wo sie konnten.

7.2.4 Eine starke Gemeinschaft

Eines Tages stand der kleine Pinguin auf einer Erhöhung in der weiten Landschaft und überblickte die große Fläche voller Pinguine.

Er seufzte und dachte sich: "Wir sind so viele und sind alle gleich!" „Keiner macht einen Unterschied, niemand ist etwas Besonderes, ich falle niemandem auf und kann mich gar nicht individuell entwickeln." „Eigentlich ist es egal, ob ich da bin oder nicht!"

Mit gesenktem Kopf und niedergeschlagen watschelte er zu den anderen zurück. Seine Haltung viel seiner Mutter auf und sie sprach ihn darauf an: „Was ist denn mit Dir los?" und der kleine Pinguin erzählte ihr, was ihn so beschäftigte.

Die Mutter dachte kurz nach und sagte: „Lass uns zu dem alten erfahrenen Albatros gehen und diesen um Rat fragen, denn der kommt weit herum und kann Dir sicher etwas dazu sagen."

Beim alten erfahrenen Albatros angekommen, schilderten die Pinguine die Situation und was den kleinen so bedrückte. Der weise Vogel überlegte kurz und dann berichtete er über eine Erfahrung, die er auf seinen Reisen gemacht hatte.

Häufig, wenn ich so über die Meere dahinfliege, begegnen mir Fischschwärme, die als große Gemeinschaft, ähnlich der der Pinguine, umherziehen. Dort passiert es immer wieder, dass vereinzelte Fische, die mit dem Dasein in der Gemeinschaft unzufrieden sind aus dieser versuchen auszubrechen. Sie vergessen dabei, vorher zu überprüfen, was dieser Schritt genau bedeutet, welche Gefahren dabei auftauchen und was zu beachten ist, sondern reagieren einfach auf ihre Unzufriedenheit.

Dadurch werden die räuberischen Thunfische auf sie aufmerksam und sie werden gefressen, da sie nicht mehr im Schutz des Schwarms unterwegs sind. Die Räuber können sich so viel besser auf sie konzentrieren als vorab, als viele huschende, glitzernde und gemeinsam reagierende Fischleiber den Feinden ein gezielter Angriff fast unmöglich machen. Die Gemeinschaft machte sie stark und auch innerhalb einer Gemeinschaft kann jeder auch seine Individualität und Persönlichkeit leben.

Der Albatros sagte: „Überlege einmal, dass es Deinen Eltern gelingt, unter so vielen anderen genau Deine Stimme herauszuhören, wenn sie vom Fischen zurückkommen und sie erkennen Dich. Du bist in der Lage, dir Deine eigenen Gedanken zu machen, denn sonst wärst du nicht hier. Du kannst eine lebenslange Partnerschaft finden, eigen Kinder erleben und so Dein ganz persönliches Leben genießen und dass innerhalb einer Gemeinschaft, die Dir auch Schutz vor Kälte und starken Winden oder den Räubern des Meeres bietet."

Nun ging es dem kleinen Pinguin viel besser, nachdem er gehört hat, was dieser erfahrene Albatros ihm berichtet hat und begann sich selbst, seine Eltern und die Pinguin Gemeinschaft mit ganz anderen Augen zu sehen.

Herzlichen Dank an meinen Trainer und Mentor Stefan Heller

Illustration: Michael Hüter

Schlusswort
Es gibt einige DANKE zu verteilen. An erster Stelle benenne ich meinen NLP-Lehrtrainer Stefan Heller.

Er hat mich beim „keimen" meiner Idee sofort bestärkt und im Prozess der Motivation unterstützt, aus der Masterarbeit ein Buch zu machen. Weitere Mentoren waren in dieser Zeit natürlich alle Kurs-Kolleginnen und –Kollegen.

Besondere Anerkennung finden diejenigen, die dieses Werk sowohl mit der Überlassung von Metaphern als auch mit Anregungen unterstützt haben.

Das letzte Danke geht an meinen inneren Antrieb, mit dieser Motivation war möglich, den häufig vorhandenen inneren Schweinehund zu überwinden und somit dieses Werk zu schaffen.

Ich habe deutlich spüren dürfen, wie mich die Arbeit mit NLP verändert hat. Ich habe viel mehr mentale Freiheiten als bisher. Ich habe einen wesentlich vergrößerten Fundus an Wahlmöglichkeiten in allen möglichen Lebenssituationen. Ich kümmere mich um mich selbst und in der Folge daraus wirkt sich das positiv auf einen großen Teil meines Umfelds aus. Zuhören/verstehen anstatt nur Worte vernehmen, Erkennen anstatt nur sehen.

Diese Erkenntnisse machen die Lebenszeit-Investition in das fundierte Kennenlernen von NLP zu einem der bedeutendsten Themen meines bisherigen Lebens. Ich wünsche Ihnen allen zum Abschluss bedeutsame Erkenntnisse und viele gute Wahrnehmungen bei sich und in Ihrem Umfeld.

Literatur-Quellen:

Anregungen und Formulierungshinweise lieferten diverse Internet-Plattformen wie z.B. wikipedia (Definitionen von Metaphern, Märchen und Geschichten). Die Ausformulierungen in diesem Buch der im Internet gefundenen Definitionen oblag ausschließlich dem Autor dieses Buchs. Formulierungshinweise zum Schreiben von Metaphern finden sich z. B. im Buch „Metaphern schreiben lernen" von Alexa Mohl aus dem Junfermann-Verlag.

Herstellung und Verlag:
BoD - Books on Demand, Norderstedt
ISBN 978-3-7322-4032-6